DAHOMEY

ABOMEY, Décembre 1893 — HYÉRES, Décembre 1903

Cap^{ne} MAIRE
de l'Infanterie Coloniale

NOTA

Dans les planches de bas-reliefs qui vont suivre, les bas-reliefs sont reproduits comme ils existent dans les palais.

Ils sont sur deux lignes : la ligne supérieure se compose toujours de bas-reliefs représentant une scène de l'histoire du Dahomey.

La ligne inférieure représente généralement des motifs de décorations architecturaux, quelques-uns en rosace, quelques-uns représentant des fleurs exotiques, quelques-uns des emblèmes, des armes, des insignes de commandement.

1ʳᵉ PARTIE

Abomey. – La Dynastie dahoméenne
Les Palais : Leurs Bas-reliefs

A M. le Ministre des Colonies,

A M. BALLOT, Ancien Gouverneur du Dahomey et dépendances,

A M. LIOTARD, Gouverneur de la Colonie du Dahomey,

« HOMMAGE RESPECTUEUX »

Carte du Dahomey

LES ANCIENNES DIVISIONS. — LES TRIBUS

INTRODUCTION

Géographie Physique et Politique

Le *Dahomey* est un pays actuellement délimité par la colonie anglaise de *Lagos* à l'est, la colonie allemande du *Togo* à l'ouest, le golfe du *Bénin* au sud, le *Soudan* français au nord, qui s'étend entre les 6ᵉ et 13ᵉ degrés lat. N. et entre le 0·32 long. O. et le 0·30 long. E.

Il comprend la colonie du *Dahomey* proprement dite. *Wydah*, royaume d'*Allada*, royaume d'*Abomey-Agony*, le pays de *Savalou* (Mahis) et le pays des *Baribas*, puis les protectorats de la côte et républiques Minas, *Porto-Novo, Grand-Popo, Petit-Popo, Agoué.*

.·.

Autrefois le Dahomey englobait une partie du Togo jusqu'au royaume des Achantis, de l'autre côté une partie du Lagos, et depuis notre occupation nous avons décidé qu'il s'étendrait jusqu'au *Niger* (*Say*) englobant le Borgou, le Gourma, etc..

Suivant une moyenne des évaluations statistiques, le Dahomey aurait 4 à 500.000 habitants et une superficie de 15 à 20.000 kilomètres carrés.

Certains auteurs rapportent qu'il y aurait eu deux rois, l'un citadin, l'autre rural, du Dahomey proprement dit, vivant côte à côte et ayant leur cour, leur armée, leurs officiers, leurs douanes. Rien cependant n'a été trouvé de semblable au moment de l'expédition de 1892-1893-1894 : nous n'avons eu à faire qu'à Béhanzin, puis à Agoliagbo, à moins que l'on ait pris pour 2ᵉ roi le prince héritier présomptif toujours laboureur avant d'être guerrier et ayant un trône personnel et une cour.

Au Dahomey toutes les terres, toutes les propriétés, appartiennent au roi qui hérite de ses sujets, à qui les biens ne sont donnés qu'à vie et à charge de certaines redevances.

La Dynastie dahoméenne

En 1851, les Anglais s'emparent des bouches du Niger grâce aux compétitions qui s'élèvent entre le royaume de Porto-Novo et celui d'Abomey. Un traité est signé à Lagos en 1851 avec le roi de Porto-Novo.

En 1858 le roi d'Abomey, Glélé, déchire le traité de Lagos signé sans son autorisation par son vassal de Porto-Novo. Les Anglais n'en continuent pas moins d'occuper Lagos.

En 1864 l'Etat libre d'*Abéoukouta* (nègres retour d'esclavage) se plaint du voisinage des Dahoméens. Glélé relève l'insulte et marche sur Abéokouta, mais il ne peut s'emparer de la ville et est forcé de battre en retraite.

En 1876 les anglais poussés à bout par les criailleries de Glélé au sujet de Lagos viennent faire le blocus de Wydah, leurs bateaux bombardent le palais du Chacha de Souza, prince de Wydah ; Glélé fait signer par le Chacha le traité de Wydah par lequel il reconnaît aux Anglais le droit d'occuper Lagos que leur a cédé son vassal le roi de Porto-Novo.

Glélé meurt en 1889. Son successeur est Béhanzin :

Nous verrons plus haut l'histoire des différents rois de la dynastie d'Abomey.

Le peuple dahoméen est guerrier, mais aussi cultivateur. Parmi les cultures riches on peut citer le palmier à huile, le café, le cacao, la noix de kola ; l'arbre et la liane à caoutchouc se trouvent à l'état sauvage dans les forêts.

La nourriture du dahoméen se compose surtout de grains et de légumes parmi lesquels figurent au premier rang le maïs, le riz, la patate, les fèves, haricots, choux, colza, etc.

Le climat est très chaud, mais sans être trop malsain par suite de la forte brise qui vient de la mer et assainit le pays; cette brise se fait sentir jusqu'au-delà d'Abomey. Le pays va s'élevant de la plage de la côte suivant une pente presque uniforme jusque vers Abomey, à 100 kilomètres, où l'on trouve les premières collines. Les petites montagnes commencent dans le pays des *Baribas*. Les rivières sont nombreuses et le sol est bien arrosé. Les principales rivières sont l'Ouémé, la rivière de Sô, le Couffo, le Mono. — Les vallées ont une orientation générale N. S. et les lacs, les lagunes, sont perpendiculaires aux vallées principales : lacs d'Aoua, Denham, Agony. Les marais sont également fréquents et étendus tels celui d'Adégon entre Dogba et Abomey et surtout la Lama entre Abomey, Allada, Mono et Ouémé.

Depuis l'expédition française de 1893-1894, les dahoméens ne trafiquent plus des esclaves et leurs rois et princes ont perdu à ce moment le plus clair de leurs bénéfices.

Abomey, l'ex capitale du *Dahomey*, n'était capitale que depuis trois siècles environ avant notre arrivée. Avant cette époque le royaume du Dahomey était occupé par une quantité de fiefs féodaux pour ainsi dire, et l'un d'eux, celui d'*Allada*, finit par s'agrandir au point d'englober ses voisins.

GAN-EKRESSOU (1596), seigneur souverain d'Allada prit un jour le titre de roi et son royaume dès ce jour fut connu des navigateurs portugais sous le nom de royaume d'*Ardres*. Malgré ce fait historiquement prouvé, Béhanzin et son successeur le roi

Agoliagbo faisaient remonter aux temps les plus reculés l'occupation d'Abomey par les ancêtres de Gan Ekressou.

Il est inutile de s'occuper de ces prétentions qui ne reposent sur rien, aussi compterons-nous 14 rois du Dahomey siégeant à Abomey y compris Béhanzin et le roi Agoliagbo. En voici la liste chronologique avec celle de leurs palais royaux :

I vers 1596-1625 Gan Ekressou roi d'Allada conquérant d'Abomey occupe le palais de *Ouaouey*

II vers 1625-1650 Dackko frère du précédent occupe le palais de *Ouaouey*

III	1650-1680 Oueokbadia fils du précédent occupe le palais de			*Ahoondji*
IV	1680-1708 Acaba	—	—	*Dahomey Couecbé*
V	1708-1732 Agadhia	—	—	*Takimbata*
VI	1732-1774 Teckbéssou	—	—	*Canadacho*
VII	1774-1779 Pengla	—	—	*Hodjia*
VIII	1789-1807 Ossou frère du précédent	—		*Béconcouecbo*
IX	1807-1816 Agonglo fils du précédent	—		*Béconcouecbo*
X	1816-1820 Adandozan —	—		*Akihon*
XI	1820-1858 Guézo frère du précédent	—:		*Bécononli*
XII	1858-1889 Glélé fils du précédent	—		*Djecbé-Cocbépa*
XIII	1889 3 déc, 1892 Béhanzin fils du précédent	—		*Simbodji*

XIV 3 Déc. 1892 au 12 fév. 1900 Agoliagbo frère du précédent, occupe le palais de *Simbodji*.

Nous allons voir rapidement ce que l'on raconte de chacun d'eux, je dis raconte, car l'écriture n'existe pas au Dahomey et, sauf quelques bas-reliefs de palais qui seront décrits plus loin, on ne possède sur la dynastie que des renseignements venus par traditions orales, chansons, légendes, etc.

La race. — Type dahoméen

Si la race dahoméenne n'est pas la plus belle des races noires (1) de la côte des Esclaves, elle est du moins celle qui semble respirer le plus la force empreinte trop souvent de la plus grande brutalité.

La taille de l'homme varie de 1 m. 65 à 1 m. 75. Son visage carré est d'un rouge marron foncé avec un front bas, des yeux très enfoncés, un nez fortemeut épaté.

Le peuple est imberbe ou rasé, le roi et les chefs ont seuls le droit de porter la barbe, les cheveux crépus sont portés courts par tous excepté par les criminels ou pour le deuil. Le dahoméen est d'un moral gai et se met rarement dans de grandes colères surtout avec le blanc.

La femme est plus petite que l'homme, bien faite et distinguée parmi les négresses quand elle est jeune ; ses seins sont assez développés; nubile de très bonne heure, elle ne garde pas longtemps sa beauté de corps. Elle est très coquette et le plus souvent soumise passive au mari ou au maître, et très travailleuse.

L'homme, lui, ne fait le plus souvent rien à part la guerre, le pillage, et la récolte des noix de palme.

____

(1) La plus belle race de la côte est la race Mina (Popos et Agoué)

LA RACE DAHOMÉENNE

Behanzin et sa Famille

Planche II. — (Page 12-13).

LES ROIS D'ABOMEY

GAN EKRESSOU roi d'Allada ou Ardres (1596-1625), fonde Abomey

Gan Ekressou, vers 1596, le Grand, le célèbre Ekressou, fondateur du royaume d'Abomey, par sa conquête sur les chefs du pays dont la tradition n'a pas cru devoir conserver les noms.

Gan Ekressou en installant sa capitale à Abomey laissa son fils à Allada et non roi, car le royaume d'Allada ou Ardres cessa dès l'installation d'Ekrossou à Abomey. Ce fils nommé Déhouhigné alla par la suite s'installer à Porto-Novo et reçut l'investiture de son père le roi d'Abomey comme seigneur de Porto-Novo et non pas roi. Il est fondateur de la famille de Toffa, actuellement roi de Porto-Novo.

Le chef féticheur Tossou que nous avons installé à Allada comme roi (Allada Rossou) sous le nom dynastique de *Gigla*, n'a jamais été reconnu par le successeur de Béhanzin, le roi Agoliagbo. Pour ce dernier, le roi à Allada ne peut exister. Il ne peut y avoir de souverain d'Allada que le roi du Dahomey résidant à Abomey.

Pour la même raison Béhanzin, comme le roi Agoliagbo n'a jamais voulu reconnaître notre ami Toffa comme roi de Porto-Novo; Toffa et Gigla étaient pour eux deux imposteurs.

Ainsi, de par les coutumes du Dahomey, le roi nommé à Allada n'est considéré à Abomey que comme chef commandant en sous-ordre et grand chef des féticheurs. Le fétiche que le roi d'Abomey lui a attribué a nom *Adjaouto*. Ce nom de fétiche, Adjaouto, au dire du P. Bouche et de Fonssagrives, ne serait autre que le surnom du fondateur de la dynastie d'Allada, le chef Yégou.

A l'appui de ses prétentions le roi d'Abomey disait que Tossou, roi Gigla, ne pouvait regarder en face le roi, le fétiche Adjaouto, que le roi a placé auprès de lui le lui défend, faisant remarquer que cette défense implique la suzeraineté du roi d'Abomey sur le chef d'Allada. Le roi Agoliagbo prétendait en outre que la maison où les rois d'Abomey donnent l'investiture aux chefs de Porto-Novo et d'Allada leurs vassaux existe encore à Abomey en dehors du palais occupé par le roi, où les vassaux ne devaient jamais pénétrer; et à la mort de Toffa son successeur devrait être nommé à Abomey dans la susdite maison où Toffa lui-même a été nommé chef de Porto-Novo, car de royaume à Porto-Novo et à Allada il ne peut être question.

La maison que l'on m'a désignée est en face du palais de *Simbodji*, elle n'offre rien de curieux.

PALAIS DE TAKIMBAIA

Résidence du roi AGADHIA

PLAN

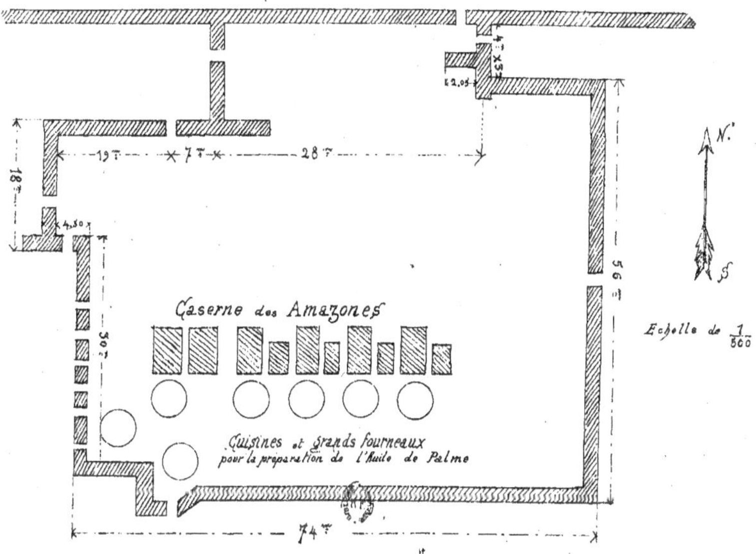

Planche III. — (Page 14-15).

Après cette digression sur les prétentions des souverains d'Abomey, revenons au régne de Gan Ekressou.

Pour venir d'Allada à Abomey, Gan Ekressou eut à lutter contre le roi de *Kiza* au débouché de la Lama, près du Couffo. Ce royaume de Kiza semble être le même que celui que M. Fonssagrives après le P. Bouche, dénomme le royaume des *Fons*. — Combat de Kiza: 4.000 hommes sous les ordres du roi de Kiza, Acpacbo, furent culbutés par 1.000 dahoméens, Acpacbo fut tué ainsi qu'un grand nombre de kiziens (3.000).

Les Dahoméens n'avaient subi qu'une perte de quelques centaines d'hommes.

L'arme employée dans le combat a été le bâton, les dahoméens ne connaissant pas encore le fer. Les vieux bâtons que l'on m'a montrés sont d'une seule pièce, de manche rond, terminé par un nœud servant de casse-tête.

Gan Ekressou s'arrêta dans sa poussée vers le Nord à Ouaouey aux environs immédiats d'Abomey actuel et y construisit un palais où il fixa sa demeure.

PALAIS DE TAKIMBAIA

Résidence du roi AGADHIA

puis caserne des Amazones et prison d'Etat

Expédition contre KENGLOU (mahis) par GUÉZO.

Le roi COBOUKSON a eu la tête tranchée.

La guerre a eu lieu à propos d'un anglais que le roi avait invité à venir dans ses états et Guézo ne l'avait pas autorisé à le recevoir.

Episode d'ONDJIROTO chez les mahis.

Le roi POBOUGOUÉMAVAY pris vivant a lâché son fusil et un dahoméen l'emporte sur son épaule au roi du DAHOMEY.

Roi GUÉZO.

Le chef mahi NAMOGPA a voulu échapper à la colère de Guézo, il a été rattrapé par un pied en passant une palissade. Le guerrier lui a coupé le pied et a pu l'amener à ABOMEY.

Tête du roi ACHADÉ de LÉPOU-LÉPOU. Sa tête dans laquelle de l'or a été coulé a été exposée à ABOMEY

Fusil et sabre, armes des hommes, le fuseau de rouet, KÉKEY (industrie des femmes).

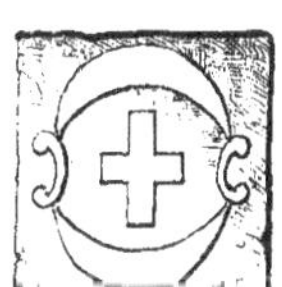

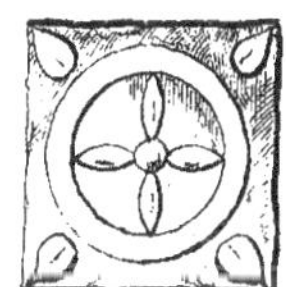

Planche IV. — (Page 16-17).

DACHKO (1625-1650)

Dachko était le frère puiné de Gan Ekressou le précédent roi ; on ne sait rien de son règne que les combats qu'il livra. Ce fut un grand batailleur.

Combat d'Aïzo près d'Allada : On s'est battu au bâton « alinticpo. » Les Aïziens étaient nombreux : 8.000. Les Dahoméens étaient en petit nombre, 4.000. Beaucoup d'ennemis ont été tués ; Denou, le roi d'Aïzo s'est trouvé parmi les morts.

Combat de *Zimé*. Le roi Adé ou Adoï de Zimé, a été tué ainsi que beaucoup de Ziméens. Il y a eu peu de pertes du coté des dahoméens. L'arme était le bâton. Le peuple de Zimé a été réduit en esclavage.

Combat de *Nago*. Les Nagos et les Dahoméens ont subi les uns et les autres de grandes pertes. Le roi des Nagos, Rassey fut tué. L'arme était le bâton.

Combat de *Bouloucoutou* contre Adinji, roi de Aouanzou, derrière Djecbé, vers Adaouey.

Le roi Adinji était très bon, très doux, très riche et très porté aux choses de l'amour; Dachko ne pouvait être content de ce voisin apprécié ; il lui chercha querelle et envoya alors Oueckbadia son fils pour le soumettre. Dachko mourut sur ces entrefaites.

PALAIS DE TAKIMBAIA

Résidence du roi AGADHIA

puis caserne des Amazones et prison d'Etat

ABODOGI-OZERÉTO, le tigre à tête de bœuf (fétiche de guerre.)

DÉ, le palmier à huile, richesse du DAHOMEY.

Roi AGONGLO.
Episode de la guerre qu'il fit aux mahis.
Le roi GLAMILÉ (mahi) et ses guerriers sont pris dans des pièges et pendus.

Roi TEKBESSOU.
Introduction du tromblon espagnol.
Les dahoméens grimpent aux arbres pour découvrir l'ennemi.

Fétiche de TEKBESSOU, un billot, un sabre, un couteau, un nez coupé.
Les habitants de ZA ont eu le nez coupé pour les punir de leur manque de condescendance envers le roi.

Planche V. — (Page 18-19).

OUECKBADIA (1650-1680)

OUECKBADIA fils de Dachko était en expédition contre ADINJI lorsque son père mourut ; il se proclama roi, continua la lutte contre Adinji, le joignit à *Bouloucoutou*, le provoqua, le tua, lui coupa la tête et fit massacrer tous ses soldats. Le pays devint ensuite complètement tranquille et les vols incessants qui se produisaient dans la contrée cessèrent aussitôt. Adinji avait en effet transformé ses sujets en brigands détroussant les dahoméens. C'est sous Oueckbadia que pénètrent le fer et les fusils au Dahomey. Un européen appelé SODO vient en vendre à la côte.

Le roi de *Zoucou*, BÉDIJA sert d'intermédiaire entre Sodo et les dahoméens, il achète les fusils en bon état, mais enlève les batteries avant de les livrer aux dahoméens qui s'aperçoivent vite de la mauvaise foi de Bédija. Un an après la première acquisition le roi de Zoucou reçoit son châtiment, les dahoméens envahissent ses états et le mettent à mort. Un nouveau chef est nommé à Zoucou.

Combat de *Baguidizamoutou*. Le roi BAGUIDIZAMOU, ayant de nombreuses fabriques de tissage de coton, portait ombrage au roi du Dahomey, aussi la guerre ne tarda-t-elle pas à éclater. Les gens de Baguidizamou étaient 2.000 contre 8.000 dahoméens. La victoire des dahoméens fut facile et le roi Baguidizamou fut tué. L'arme de combat était le bâton.

Combat de *Zacpo*, près de *Ouaouey*. Oueckbadia convoitait le pays du roi de *Zacpo*, son voisin, aussi détacha-t-il auprès de lui un de ses fils que ACKHO roi de Zacpo ne voulut pas recevoir parce qu'il craignait d'être tué par les fils d'un voisin aussi dangereux que le roi du Dahomey. Son refus ne le sauva pas, car ses états furent envahis et il fut tué.

Combat de *Onsacki*. Les habitants du Dahomey, notamment ceux de *Ouaoué*, allaient au marché à *Onsacki* et là quelquefois on les retenait comme esclaves. Pour cela les habitants avaient fait installer une haie pour enfermer à l'intérieur les dahoméens. Les dahoméens ont alors employé la même ruse vis-à-vis des habitants de *Onsacki* et les ont attiré pour s'en rendre maîtres. La ruse a réussi et une courte expédition a été dirigée contre le palais qui a été pris. Le roi ACKHO ou ACKOVISATO a été tué.

Combat de *Doglobo*. Le roi ALAGZAGOUÏ avait dans ses états une source appelée *Toho* qu'il faisait passer pour excellente. Les dahoméens voulurent y venir puiser, le roi Alagzagouï le leur ayant interdit, Oueckbadia lui déclara la guerre, le défit et le tua.

Combat de *Keybobo*. Le roi Agbotountonhouépey était très puissant, si puissant qu'il crut pouvoir défier les dahoméens. Ceux-ci relevèrent le défi, le battirent à *Keybobo* et le tuèrent.

Combat de *Topélé*. Le roi Lala avait poussé la prétention jusqu'à venir délimiter ses états aux environs même d'*Abomey*. Il avait fait construire un fossé définitif. Les dahoméens l'attaquèrent et il fut battu et tué à *Topélé*.

Enfin, vers la fin de sa vie, Oueckbadia eût des dissentiments avec un prince du Dahomey, Dan. Il avait demandé un terrain à Dan pour y construire un palais et Dan avait répondu par cette grossièreté : « Si tu veux construire un palais, construis-le dans mon ventre. » Cette réponse valut à Dan d'être appréhendé puis mis à mort. On lui ouvrit le ventre et c'est sur son cadavre déposé en terre et dans son ventre ouvert que fut posé la première pierre du palais de *Dahomey Couecbé*. Ce palais fut donné par Oueckbadia à son fils Acaba.

Danhomey ventre de Dan serait l'origine du nom *Dahomey*, royaume établi sur le ventre de Dan.

Le père Bouche et Fonssagrives attribuent l'épisode de Dan au fondateur de la dynastie d'Abomey et non à Oueckbadia. Ce Dan, ils l'appellent Da et le fondateur de la dynastie Tacoudonnou qu'ils donnent comme père à Oueckbadia. A Oueckbadia est aussi attribuée la construction du palais de *Takimbaïa*. Voici la tradition :

Le prince dahoméen Agli avait un terrain que convoitait Acaba fils du roi, héritier présomptif. Ce dernier le lui ayant demandé, le prince lui répondit comme avait fait Dan à son père. « Viens le construire dans mon carquois. » Cette réponse valut à Agli sa condamnation et sa mort. Son terrain fut pris, Acaba y construisit le palais d'*Agligomey* ou *Takimbaïa*. Le palais fut donné par Acaba à Agadhia, petit-fils du roi.

Le roi Adodoui de *Zacpo* a été chassé de ses états par les dahoméens pour avoir recueilli un chef guerrier. Poursuivi par les dahoméens, le guerrier s'est enfui chez les Mahis. Le roi de *Zacpo* a été tué, coupé en deux et sur les deux moitiés de son corps, des forteresses ont été élevées.

Combat de *Tacodomey*. Le roi Lan de *Tacodomey* retenait prisonniers des dahoméens qui étaient venus dans ses états pour commercer. « Ils ont été mangés » avait-il répondu à l'envoyé d'Oueckbadia qui les réclamait. Oueckbadia fit contre lui une expédition et le défit complètement. Le roi Lan fut tué et des forteresses furent élevées dans sa capitale.

On raconte que c'est sous le règne d'Oueckbadia que fut constituée la coutume des sacrifices humains en grande solennité qui eut lieu pour la première fois devant *Takimbaïa*.

Le caractéristique de ce règne semble être la construction des palais ou des fortifications sur les ossements d'un ennemi, ossements qui servent de fondation. C'était une vengeance terrible, car il y avait profanation de tombeau, châtiment réputé au Dahomey comme le plus horrible.

PALAIS DE TAKIMBAIA

Résidence du roi AGADHIA

puis caserne des Amazones et prison d'État

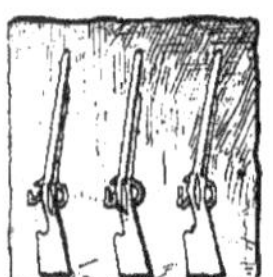

Trois fusils du roi PENGLA.

Tête d'ACBAMOU, roi de COUÉDA
ENOMI, exposée sur un tabouret.

Roi AGADHIA.

1er bateau français venu sur la côte.
AGADHIA en a été averti, il s'est lié
d'amitié avec lecapitaine et ce dernier
lui a livré des marchandises contre des
esclaves.

Roi AGADHIA.

Un chien, un loup, une tour. La tour
représente TAKIMBAIA le loup représente
AGADHIA et le bas relief signifie que
quand le loup hurle les chiens se
cachent.

Roi AGADHIA.

Un guerrier du nom de TAUON dit au
roi que tous les habitants de DIACHO
auront la tête cassée et pour prouver
qu'il dit vrai, il se précipite contre un
arbre et se tue.

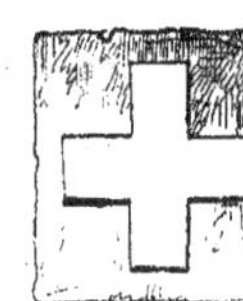

Sous le roi AGADHIA : introduction
du catholicisme.

Planche VI. — (Page 20-21).

ACABA   (1680-1708)

Acaba livra de nombreux combats pour agrandir ses états.

Le 1er celui d'*Ouémé* près de Porto-Novo fut livré au roi Yarasey qui fut tué. Le prétexte à la guerre fut que Yarasey avait cherché querelle aux dahoméens. La façon d'agir des dahoméens y avait prêté; en effet Acaba avait envoyé un de ses fidèles au roi Yarasey et celui-ci trompa l'amitié que lui portait le roi en lui déclarant que le Dahomey était faible et pouvait être attaqué; Yarasey le crut trop facilement et le résultat fut la défaite de ses troupes. Acaba pour prouver à son fidèle son contentement lui donna le titre *Candobécéhouanoudan* (celui qui a pris la bête pour la conduire au serpent).

Combat de *Gboli Acpécho*. Le roi Agoulé s'est lié avec le roi Dala des Adjas, un ennemi du Dahomey ; les dahoméens lui ont livré combat à *Gboli Acpécho* et l'ont tué.

Combat de *Tangbé* livré aux rois Aissan et Adjouleckey qui s'apprêtaient à envahir le Dahomey. Les dahoméens ont éventé leur complot et les ont battus et tués tous deux.

Combat de *Dan* près de *Soubigan*. Les dahoméens ont battu le roi Donon qui ne voulait pas être leur ami. Le roi a été tué.

Combat de *Naguey* livré au roi Leylou qui ne voulait pas se soumettre aux exigences des Dahoméens. Le roi Leylou a été tué.

PALAIS DE TAKIMBAIA

Résidence du roi AGADHIA

puis caserne des Amazones et prison d'Etat

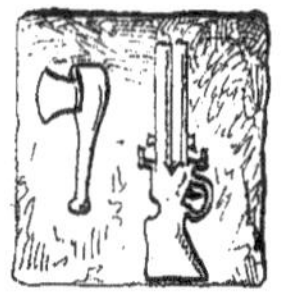

Roi AGADHIA.
Premier fusil qu'AGADHIA ait acheté.
Trombion espagnol.

Roi OSSOU.
Le roi Ossou s'empare du roi du
mont ABIANGNON qui demande pardon
et offre de garder les troupeaux.
Ossou consent à lui sauver la vie et lui
donne un bâton.

Roi PENGLA.
Le guerrier AUSIAN coupe la tête à
un homme d'ABOGOMEY sur l'OUÉMÉ à
côté de KÉSÉNOU.

Roi TEKBESSOU.
Un guerrier dahoméen coupe le nez
à un mahi du pays de ZA.

Roi GUÉZO.
Episode de la guerre avec les ADJAS.
On a posé les fusils à terre et l'on a
pris les casse-têtes.

Roi GUÉZO.
Après le combat de LAVOULÉFOU
le roi Guézo danse sur les cadavres
et les crânes mis en tas.

Bâtons de GUÉZO.
Têtes des habitants d'OONDJIROTO
(mahis).

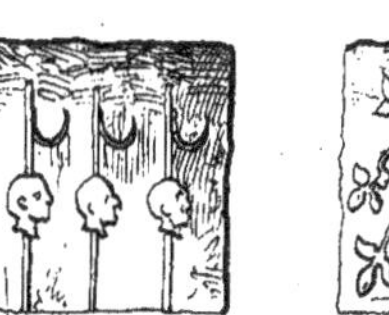

Arbre courbé réprésentant GUÉZO
qui n'a jamais mal aux reins, contrai-
rement aux autres hommes.

Trône de GUÉZO.
Bâtons de chasse et instruments de
culture. Guézo avant d'être roi était
laboureur.

Planche VII. — (Page 22-23).

AGADHIA (1708-1732)

Agadhia fût un grand conquérant : c'est le premier souverain du Dahomey qui ait étendu sa domination jusqu'à la mer, il s'empara d'abord d'Allada qui s'était révolté, puis des royaumes de *Djacquin* (1720) et de *Juda* (1727,) qui avait repoussé son alliance. Il s'empara en 1727 de la capitale du royaume de Juda, *Savi,* après avoir traversé les marais sur un chemin en planches.

Il est le premier roi d'Abomey qui se soit servi des voitures, chariots. C'est sous son règne que le 1er bateau français se serait présenté à la côte ; un traité fut conclu avec le capitaine qui devait amener des marchandises en échange d'esclaves que lui cédait le roi.

C'est à ce capitaine qu'Agadhia acheta un stock de fusils à mèches.

Ces échanges furent les prétextes des guerres avec les royaumes de Juda et de Djacquin qui interceptaient les marchandises. Ces royaumes avaient pensé que jamais le Dahomey ne pourrait les atteindre à cause des marais et avaient envoyé un guerrier du nom de Tahon défier le roi. Tahon était de *Diacho*, royaume de Djacquin. On a vu comment Agadhia s'y était pris pour traverser les marais. Agadhia n'aimait pas qu'on le vole ; c'est ainsi qu'il fit empaler le chef de *Déganto*, le ministre de la douane *Dégan*, qui avait détourné des marchandises qui lui étaient destinées.

PALAIS DE TAKIMBAIA

Résidence du roi AGADHIA
puis caserne des Amazones et prison d'État

GUÉZO est le premier qui ait eu des canons.
Tête de PAUHA roi d'EcPo qui l'avait défié.

Le roi GUÉZO fait monter la tête de COUTIOUHY roi des Nagos de SAVI sur une machine à filer le coton.

Six têtes dont trois têtes d'hommes au-dessus.
ADACHODJI habitant d'ADJA.
TIADÉ roi de LÉPOULÉPOU
OGBOUI-AGBA bourreau du roi TIADÉ. Au dessous trois têtes de femmes du roi TIADÉ.

Roi AGADHIA.
Premier bateau français paru à la côte.

Roi AGADHJA.
DÉGAN est empalé, parceque chef de DÉGANTO et de DANVO, il avait volé le produit des douanes.

Trône de GLÉLÉ reposant sur les têtes de deux gardiens de la frontière de amahia.
Les chefs mahis AGUOSOU et DITOLI.

Trône d'ACABA et d'AGONGLO.

Trône de TEKBESSOU.

Trône de PENGLA.

Trône d'AGADHIA.

TECKBESSOU (1732-1774)

TECKBESSOU fils d'Agadhia, a guerroyé avec les révoltés des royaumes de *Juda* et de *Djacquin*, puis contre les Popos, les Mahis et les Egbas. On dit même qu'il s'empara en 1741, du fort portugais Wydah et le conserva malgré les attaques des habitants soulevés par les Portugais.

Sous Teckbessou, les guerriers sont armés du tromblon espagnol à pierre.

Dans sa guerre avec les Mahis il déploie assez d'adresse et recommande à ses guerriers de grimper sur les arbres afin de découvrir les mouvements de l'ennemi.

Après s'être emparé du pays de *Za* chez les Mahis, il fait couper le nez à tous les prisonniers, ce châtiment ne devant pas l'empêcher de les vendre comme esclaves.

PALAIS D'HODJIA

Résidence du roi PENOLA

PLAN

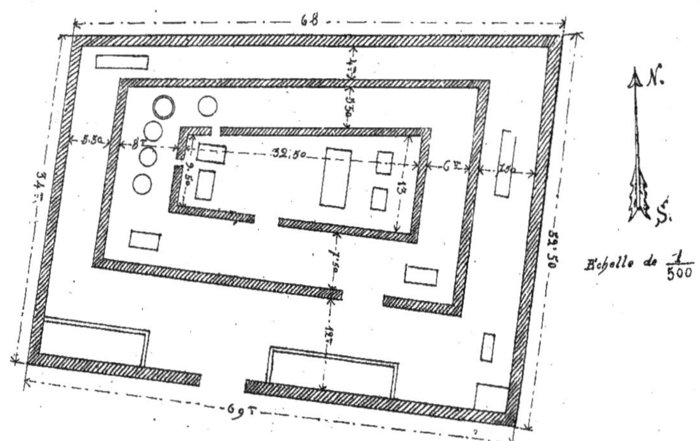

PENGLA (1774-1789)

Le roi Pengla, fils de Teckbessou eut à guerroyer avec les *Nagos* des bords de l'Ouémé, le peuple de *Lokossa* et les *Egbas*, voisins de la mer.

Dans sa lutte avec les Nagos il se distingua contre Akbamou, roi de *Couéda-Enghi* qui fut trahi par son frère. Pengla appelé par le frère du roi, envahit les états, tua le roi, puis il se tourna contre le roi d'Abogomey, village riverain de l'Ouémé et avoisinant Késénou. Le village fut pris, pillé, les habitants mis à mort et le roi prisonnier fut obligé à cultiver la terre. Le guerrier Adhien-Guénécida se distingua dans cette affaire. On rapporte qu'à *Okomey*, forteresse voisine de l'Ouémé, Pengla voulant prouver sa force, étrangla de sa propre main un homme robuste, originaire de Couéda-Enghi.

Contre les Egbas, Pengla fit le siège de *Badagry* sur la lagune dans le Lagos Est de Porto-Novo et s'empara de la ville que les Nagos, en guerre avec les Egbas, n'avaient pu prendre.

Il soumit le peuple de *Lokossa*, haut pays de Lagos, après avoir battu et tué le roi Locosso qui régnait sur ce pays. Pengla paraît avoir eu surtout le souci d'être pris pour un homme très fort.

Les bas-reliefs le représentent étranglant un guerrier, puis sous l'aspect d'un cochon cassant la noix (ville de *Bagadry*), puis sous celui d'un caïman comme le maître des eaux et enfin sous l'aspect d'un tigre mangeant la tête de l'ennemi. Sous son règne fut importé au Dahomey un nouveau stock de fusils à mèche.

PALAIS D'HODJIA

Résidence du roi PENGLA

Ce palais fut placé par PENGLA sous la protection du fétiche DOUNVOO grand fétiche
dont dépendent les destinées du Dahomey

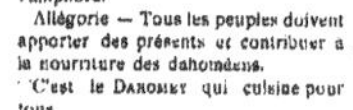

ADHIEN guerrier dahoméen compagnon du roi PENGLA est entré dans la forteresse d'OCOMEY située sur les bords de l'Outmé et là, pour prouver la force physique des guerriers dahoméens, il a étranglé de ses mains un homme robuste, compagnon du roi de COUÉDA ENGHI.

Scène de carnage allégorique.
Coupe-tête et homme décapité. Le dahoméen est comme le sabre d'exécution, aucune tête ne lui résiste.

Le roi PENGLA prépare des aliments que tous les peuples doivent accepter avec reconnaissance.

Une sorte d'amphore, un couteau, un bras apportant un paquet au-dessus de l'amphore.
Allégorie — Tous les peuples doivent apporter des présents et contribuer a la nourriture des dahoméens.
C'est le DAHOMEY qui cuisine pour tous.

Scènes de carnage.
Un homme décapité est fixé au mur par un épieu pour servir d'exemple à ceux qui résistent au DAHOMEY.

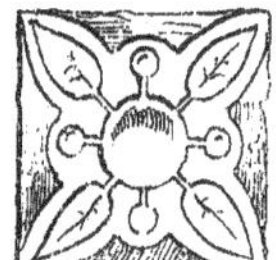

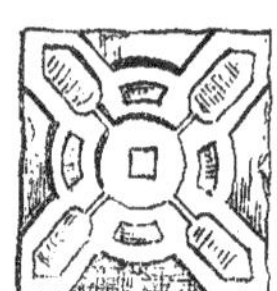

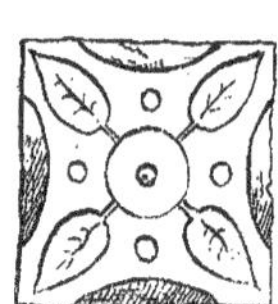

OSSOU (1789-1807)

Aucun renseignement précis n'a pu être donné sur ce règne, sauf qu'il fit la guerre aux *Mahis*, attaqua et défit dans ses montagnes le roi *d'Adiougnon* qui fit sa soumission et réclama la vie en lui promettant de garder ses troupeaux. La grâce lui fut octroyée, et le roi lui confia la garde de ses troupeaux et lui donna un bâton de chef. Un seul bas-relief remémore le fait, le seul, où il soit question d'Ossou.

PALAIS D'HODJIA

Résidence du roi Penola

Ce palais fut placé par Penola sous la protection du fétiche Dounvoo grand fétiche
dont dépendent les destinées du Dahomey

Fusil, bracelet et main de Penola. Penola est si fort que les peuples ne peuvent lutter avec lui.

OCPO le tigre (roi Penola), a pris. le roi Locoaso de Lokossa et lui a mangé la tête.

Le tigre (roi Penola) a sa patte sur une tortue (peuple de Lokossa) pour affirmer qu'il l'a soumis.

Les amazones font bouillir les cadavres des ennemis dans des chaudières reposant sur des crânes.

Cochon mangeant une grosse noix de palme représentant une tête.

La noix sculptée en tête humaine est la ville de Badagry royaume de Djaquin que les Nagos n'ont pu prendre, Le cochon (roi Penola) a pu casser la noix.

Badagry a été prise et ce fut le début de la conquête du royaume de Djaoquin et de celui de Juda.

Scène représentant une déclaration de guerre. Un dahoméen exige des autres peuples l'hospitalité et la nourriture.

Le vase à terre représente une courge remplie d'Acassa.

Quatre têtes de chefs d'Abogomey sur l'Ouame ont été offertes au roi.

Un plat au milieu est celui sur lequel les quatre têtes ont été apportées

Planche XI. — (Page 30-31).

Le canon de SAVI, épisode de la lutte contre le royaume de Djaquin qui se croyait très fort et avait placé à Savi, sa capitale, un canon, présent des portugais.

Ce canon n'a pas nui au Dahomey à qui il a apporté la richesse, car il fut le prétexte de la guerre et de la conquête du royaume de Djacouin.

AGONGLO (1807-1816)

Régne insignifiant comme le précédent. AGONGLO continue à guerroyer contre les Mahis. Un bas-relief de *Takimbata* nous fait voir un chef mahi, GBAMILÉ, attiré à un piège à ressort avec nœud coulant et se trouvant pendu par la détente du ressort : imprévoyance bien incroyable de la part de Gbamilé, de passer son cou dans le nœud coulant.

PALAIS D'HODJIA

Résidence du roi Penola

Ce palais fut placé par Penola sous la protection du fétiche Dounvoo grand fétiche
dont dépendent les destinées du Dahomey

Scènes de carnage.
Supplices infligés par les dahoméens aux peuples qui leur résistent.

Tête d'ACBAMOU roi de Couada-Exout exposée sur un tabouret.
Trahi par son frère qui convoitait sa place, Acbamou a été tué par Penola.
— Couteau d'Acbamou.

Un chef mahi poursuivi par un dahoméen, dans sa fuite précipitée n'aperçoit pas un arbre et vient se briser la tête contre lui.
(Se trouve aussi au palais de Takrubaia).

Allégorie montrant la puissance du Dahomey.
Un roi asservi est employé à cultiver la terre.
Il a quitté son bâton sceptre qui se trouve derrière lui.

Si les poissons (peuples) ne sont pas sages, le caïman (roi Penola) les mangera.

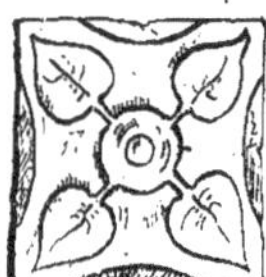

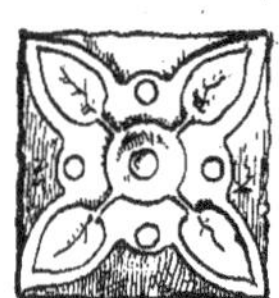

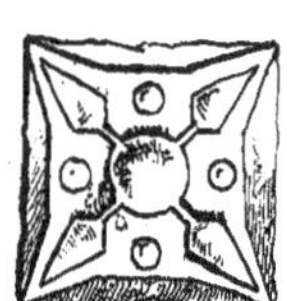

ADANDOZAN (1816-1820)

La vie déréglée, les cruautés, les appétits et les prétentions génésiques de ce roi font que les dahoméens n'en parlent qu'avec horreur et nous disent qu'il a été rayé de la dynastie pour inconduite. Aucun bas-relief ne le représente.

ADANDOZAN était fils d'Agonglo; dès les premières années de son règne il se signala par des atrocités, exigeant que le maïs, servant à la nourriture du roi, ne poussât que dans des champs entièrement arrosés de sang humain et dont la bordure était faite de crânes. Puis il devient érotique au point de ne plus se contenter de nombreux viols et enlèvements; ainsi il défend à ses sujets de se marier et d'avoir des relations sexuelles avec leurs femmes, prétendant que le roi seul est assez bien bâti, assez beau pour avoir des enfants forts et dignes de la race.

Ces prétentions peu obéies néanmoins, jointes à ses cruautés, révoltèrent le peuple, les féticheurs et les princes, et Guézo, le jeune frère du roi, se mit à la tête des mécontents.

Il s'allia avec deux métis portugais, fils d'anciens esclaves, retour du Brésil, Francisco da Souza, établi commerçant à Wydah et Domingo Martins, établi comme commerçant à *Godomey* et à *Cotonou.*

Le commerce de ces deux métis était plutôt celui des esclaves que tout autre. Ils étaient très riches.

Un prétexte de serviteur maltraité fit éclater la querelle entre Adandozan et son frère Guézo.

Guézo à la tête du peuple et avec ses deux amis, envahit le palais, massacra tout et chargea de chaînes Adandozan, qui mourut de privations en prison ainsi que ses enfants. Guézo succède alors à Adandozan.

PALAIS DE BÉCON-ONLI

Résidence du roi Guézo

PLAN

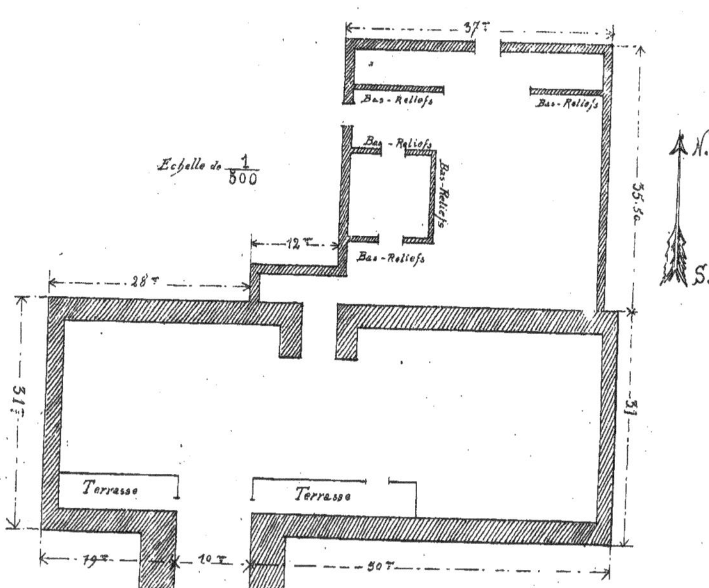

GUÉZO (1820-1856)

Le premier acte de Guézo fut de récompenser ses amis, ses alliés, les métis : Martins reçut des présents et Francisco Da Souza, fut nommé Chacha (prince) de Wydah. Les débuts du règne de Guézo furent des plus brillants, tout le peuple était pour lui. Il fit quelques expéditions et s'il se montra quelquefois cruel envers ses ennemis vaincus, ce fut poussé par les féticheurs qui avaient pris sur lui influence et le menaçaient. C'est ainsi qu'ils le forcèrent après le sac de *Léfouléfou*, de danser sur un monceau de têtes coupées et de cadavres. Ce sont les féticheurs qui lui font monter sur des bâtons les têtes des Mahis d'*Ondjiroto*, ce sont eux qui font enlever la peau du roi d'*Adouassou* prisonnier, par le cabécère *Tometi*. Chaque fois que Guézo peut se soustraire aux féticheurs il refuse d'être sanguinaire, il est en cela appuyé par ses amis qui lui font comprendre toute la richesse que l'on peut tirer de la vente des esclaves ; aussi, à un moment donné, défend-il à ses guerriers de se servir de leurs fusils. On entourera les ennemis, on les forcera à se rendre ; s'ils résistent, on se servira du bâton contre eux pour les étourdir mais pas du fusil qui pourrait les tuer. Tous les prisonniers doivent être conduits au roi.

Les nombreux bas-reliefs représentent la puissance de Guézo sous des allégories quelquefois un peu risquées.

Les féticheurs ne peuvent pas comprendre la façon mercantile du roi et sa bonté intéressée, aussi Guézo meurt-il au milieu de la consternation générale, empoisonné probablement par les féticheurs.

PALAIS DE BÉCON-ONLI

Épisode de LÉFOULÉFOU. Après le sac de la ville, GUÉZO a fait empiler les têtes fraîchement coupées des ennemis et a fait ranger les corps décapités au bas de ce monceau, puis il a fait apporter une échelle, il est monté sur la pyramide et y a dansé.

(Ce bas-relief existe aussi au palais Tajiméraïa.)

Les amazones ont attaqué les mahis et ceux qu'elles n'ont pas tué elles les conduisent enchaînés aux roi Guézo.

Une amazone conduit un puissant mahi récalcitrant, une autre amazone vient derrière et le frappe pour le faire avancer.

Un homme (ennemi) tire sur un éléphant (Guézo), il est fier, il vient de tuer une biche que traîne sa femme derrière elle; mais un éléphant n'est pas une biche et Guézo (l'éléphant) lui prouve sa force en déracinant un arbre

Un nago a dérobé un cheval dahoméen; mais, au moment où il s'enfuit sur le cheval volé, il est tué par une flèche dahoméenne.

  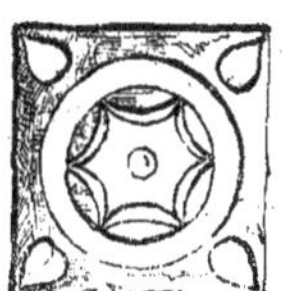  

GLÉLÉ (1858-1889)

GLÉLÉ, à part ses démêlés avec les Anglais, fit peu parler de lui, il fut très bon prince et très bon roi. On cite sa piété filiale envers sa mère, à qui il fait force présents.

Glélé fit la guerre aux Mahis, aux Egbas et aux Nagos de *Tiaga*, principauté voisine d'*Abéoukouta*. Comme nous l'avons vu il n'avait pas approuvé le traité de Lagos, signé entre le roi de Porto-Novo et les Anglais en 1851. C'est alors qu'il marcha sur Abéoukouta que les Anglais considérèrent comme à eux ; il ne pût s'emparer de la ville et se retira. En 1876, les Anglais assiégèrent Wydah et fût signé par le chacha le traité de Wydah, qui porte reconnaissance définitive au traité de Lagos, de 1851. Glélé prit le titre de KINI KINI, le lion des lions.

Son successeur fût le prince KONDO AHIDJÉRÉ son fils, plus connu sous le nom de BÉHANZIN.

PALAIS DE BECON-ONLI

Résidence du roi GUEZO

AGAMAOUEY, le caméléon, et un bâton.

Allégorie représentant la toute puissance et la finesse du roi.

Le loup.

Allégorie signifiant que Guézo est comme le loup, il terrifie tout le monde.

GUÉZO (le gros poisson) a dévoré tous les peuples (poisson plus petit) et même les portugais (le bateau européen) ; allusion à la prise du fort de WYDAH.

Fusil portugais.

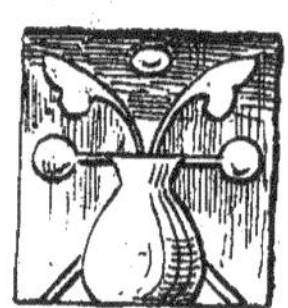

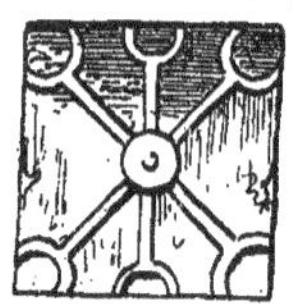

BÉHANZIN (1889 - 3 décembre 1892)

Déporté à la Martinique

AGOLIAGBO (3 décembre 1892 - 12 février 1900)

Déporté au Congo

L'histoire de ces deux rois est toute récente et assez connue. Le développement de ces deux règnes conduirait en dehors du cadre de ce travail sur les origines du Dahomey et les anciens rois de la dynastie.

Cependant, je crois bon de donner l'énumération des compagnies de guerriers et d'amazones, que nous eûmes à combattre pendant l'expédition, et dont je n'ai vu l'énumération dans aucun ouvrage.

PALAIS DE BECON-ONLI

Résidence du roi Guézo

Deux couteaux.
GUÉZO a été en guerre contre les nagos et les mahis.

Episode de la guerre contre le roi de LEFOULÉFOU (nago). Un cavalier nago est désarçonné par le guerrier dahoméen.

La roussette chauve-souris vampire. Le roi Guézo peut tout faire, tel la roussette qui se pend par les pieds, ce que personne n'arrive à faire.

GUÉZO recommande de tirer sur les ennemis de tout près.

GUÉZO est un astre ardent comme le soleil, brillant comme la lune.

NOTA

Les renseignements donnés sur les premiers rois du Dahomey, sont assez contradictoires.

Le P. Bouche et Fonssagrives, donnent comme fondateur de la dynastie, Dako Tacodonou, et d'après eux, ce serait lui qui aurait construit un palais sur le ventre de Dan, qu'ils nomment Da.

D'après Brunet, il semblerait que l'histoire de Dan arriva sous le règne du troisième roi, qu'il appelle Tho et qui serait Oueckbadia, dont il le distingue cependant. Cette façon d'attribuer à Oueckbadia l'histoire de Dan, serait en concordance avec la tradition que j'ai recueillie à Abomey.

Dachko ou Dako, comme Gan Ekressou, n'aurait habité que Cana.

Il y a encore ambiguïté pour Ossou (1789) qu'avec Fonssagrives je donne comme roi, mais qui très souvent ne passe que pour un simple guerrier du temps d'Agonglo.

Enfin, d'après mes renseignements personnels, le fondateur de la dynastie serait Gan Ekressou.

Brunet trouve deux Agonglo dont il appelle l'un Ehomi et deux Pengla dont il appelle l'un Adanzou.

La liste de la dynastie dahoméenne de Fonssagrives est plus conforme aux renseignements que j'ai recueillis.

PALAIS DE BÉCON-ONLI

Résidence du roi Guézo

Cet arbre est le Onli, espèce de fromager qui a donné son nom au palais.
GUÉZO est comme cet arbre, il est fort et donne abri et protection au faible (oiseau gendarme et son nid.)

Éléphant abattant un arbre.
GUÉZO est, comme l'éléphant, très fort, il fait tomber tout le monde.

Un dahoméen flagelle un mahi, un autre dahoméen, monté sur la porte d'une forteresse tue un nago.

Un dahoméen vient de tuer un nago, il lui coupe la tête et va l'offrir à sa femme. Demande en mariage rarement refusée.

Bâton du roi, grand fétiche de guerre lui a assuré la victoire sur son frère ADANDOZAN.

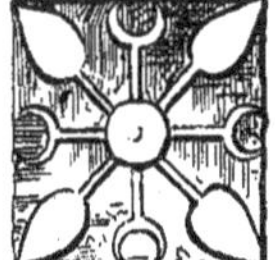

Planche XVII. — (Page 42-43).

BÉHANZIN — SES TROUPES

I. — LES GUERRIERS

Les compagnies d'hommes ont commencé à être organisées sous Oueckbadia. Voici leurs appellations avec le nom du roi sous lequel elles ont été créées.

1	Alinticpo	*Oueckbadia*	Armée de triques
2	Agaou	—	
3	Posou	—	
4	Khóuénou	—	
5	Abi	—	
6	Ackbeisy	—	
7	Dialey	—	
8	Zokhénou	*Acaba*	Compagnie de la reine Angbé fille de Teckbessou.
9	Phosoupo	—	Compagnie de la reine Sépasine. Son nom lui a été donné par les Ashantis et veut dire troupe d'assaut.
10	Mamadié Mato	*Guézo*	Qui bombarde tout.
11	Agbi	—	
12	Boulou	*Glélé*	Des coupes têtes.
13	Sofeimatou	—	Forte par ses fusils.
14	Amliman	—	Personne ne peut l'approcher.
15	Agniatan	—	Dévore tout; armée de fusils : porte des petits pantalons.
16	Boconou	—	Compagnie du fusil à pierre.
17	Zévé	—	Harcelant comme les abeilles.

PALAIS DE BÉCON-ONLI

Résidence du roi Guézo

Le chef mahi DOSSA, qui dormait pendant le combat, a été pris vivant par les dahoméens, roulé dans une natte et apporté à Abomey.

Pied de mil poussé sur une planche cultivée où sont 2 têtes fraîchement coupées.

Allégorie signifiant que les dahoméens sont à la fois cultivateurs et guerriers.

GUÉZO est comme le agbo (animal fabuleux, tenant du cerf et du lion, fétiche dahoméen.)

Un dahoméen ayant un couteau entre les dents monte sur une tête coupée pour montrer à tous que le DAHOMEY est fort.

Un ennemi est crucifié avec cinq pointes, tête, pieds et mains.

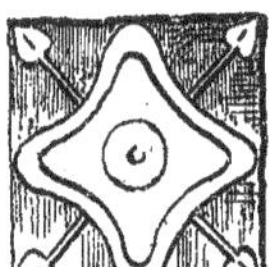

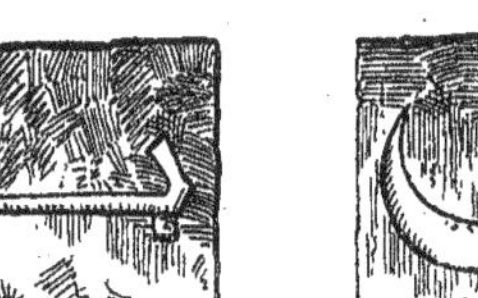

MACPO, deux bâtons du roi Guézo

Planche XVIII. — (Page 44-45)."

18	Potono	Glélé	Compagnie qui suit les traces du roi Oueckbadia.
19	Niegpley	—	Forte par le rasoir.
20	Zohounou	—	Qui s'approche pour frapper au cœur.
21	Ganhoulan	—	Plus forte que les animaux.
22	Mackhan	—	Compagnie d'avant-garde
23	Zakétedji	—	Compagnie qui marche toujours en ordre.
24	Adra	—	Compagnie qui marche toujours à l'avant-garde.
25	Alanahouiso	—	
26	Danouato	—	
27	Diamacaman	—	
28	Ploupetey	—	
29	Bécango	—	
30	Adiapouloumé ou Fiaïtocou	—	
31	Kilogou	—	
32	Aoueckbamé	—	
33	Alohan	—	
34	Etjiho	—	
35	Févipandoro	—	
36	Allagada	—	
37	Acbalala	—	
38	Acbapuciou	—	
39	Adopo	—	
40	Adopolou	—	
41	Oueckha	—	
42	Alladagbé	—	
43	Coufhou	—	
44	Tamakhan	—	
45	Yackha	—	
46	Djalocou	—	
47	Catoubizo	—	
48	Atcholoumé	—	
49	Bohandé	—	
50	Djahoutey	—	

PALAIS DE BÉCON-ONLI

résidence du roi Guézo

GAHOMEY, guerrier dahoméen, apporte sur ses épaules au roi d'Abomey le corps du chef mahi Dano qu'il vient de tuer.

Un dahoméen coupe un gros arbre. Allégorie représentant Guézo qui vient d'abattre le roi d'Attacpamé nommé Acubo.

TOMETI, cabécère dahoméen, enlève la peau du roi d'Aouassou (Popos).

Fétiche Dadji particulier au roi GUÉZO.

Un petit canon : introduction de l'artillerie au Dahomey.

Loégounpo — bâton sceptre de GUÉZO.

Enclume.
GUÉZO a le poids de l'enclume et la force du marteau.

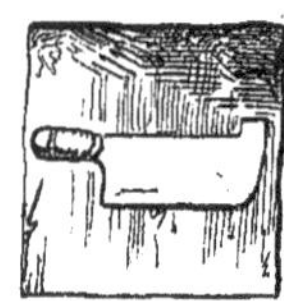

Marteau.

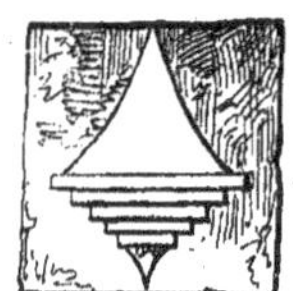

Abolcka.
Kenev-Dacho.
Bobine de métier à tisser : une des industries du Dahomey.

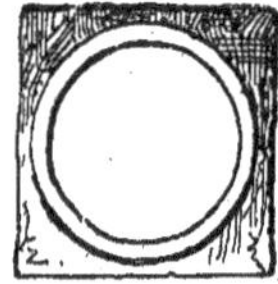

Rond représentant le monde soumis à Guézo.

Planche XIX. — (Page 46-47).

51	Phologogoudotou	*Glélé*	
52	Yakhagoudotou	—	
53	Agbokoli	—	
54	Sélekji	—	
55	Aouhanningba	—	
56	Kékeyli	—	Ceux qui conduisent les chariots, le train.
57	Pétécami	*Béhanzin*	
58	Coucloucacala	—	
59	Ahounahondo	—	

En plus, la garde des princes commandée par Soglo, ce qui faisait 60 compagnies de 200 à 300 hommes chacune.

PALAIS DE BÉCON-ONLI

résidence du roi Guzzo

Un dahoméen saisit par les mains
et les pieds un mahi, il le charge sur
son épaule pour montrer sa force.

Un gros caïman du corps duquel
sort un grand arbre poussé dans son
ventre.
Le Dahomey donne à tous la pros-
périté.

Le roi de KENGLOU mahi est délogé
de ses montagnes et de ses forteresses
par les dahoméens

Dahoméen à qui le roi a donné un
bâton pour casser la tête aux mahis

Canard représentant GUÉZO, il n'y
a que le canard (Guézo) qui puisse
donner des ordres sur l'eau.

ASOURAIN (petit oiseau, espèce de
moineau), était logé dans un arbre. Il
est venu un oiseau plus fort qui l'a
chassé et a pris sa place. Ce gros
oiseau, Roussou Rosson, (le roi du
Dahomey) mange la tête de ses ennemis

Un NAGO scié en deux.

La croix, apparition du christianisme
à Abomey (missionnaires portugais).

Un dahoméen qui a pris un nago le
fait marcher devant lui et l'emmène
comme guide dans une expédition.

Calebasse du roi
Jarre du roi.
Cheval de guerre du roi GUÉZO.

Planche XX. — (Page 48-49).

II. — LES AMAZONES

Leur Organisation. - Description de leur costume

ORGANISATION

Les premières compagnies d'amazones furent organisées par Guézo, puis augmentées par Glélé et Béhanzin. Au commencement de la campagne, il y en avait une vingtaine dont les plus connues étaient :

1	Khétoungan	*Guézo*
2	Acpadamey	—
3	Fanté	—
4	Tiamacouloucoué	—
5	Gouganhou	—
6	Diahacbaboué	—
7	Tchinguéré	*Glélé*
8	Linsoucoué	—
9	Goubey	—
10	Djikada	*Béhanzin*
11	Acbazimbé	—
12	Ouésodji	—
13	Yamando	—

PALAIS DE NAHONGHI

mère du roi GLÈLÈ

est placé sous la protection du fétiche CABIÉSSOU (le Tonnerre)

PLAN

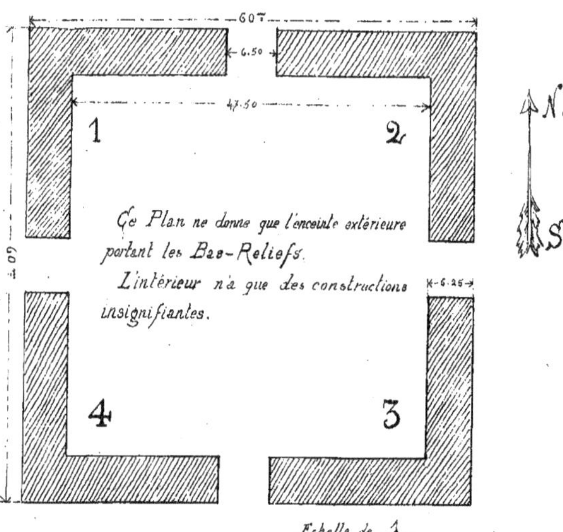

Planche XXI. — (Page 50-51).

LE COSTUME

Les guerriers étaient vêtus d'un pantalon collant, d'une petite veste droite sans queue et d'un petit pagne, pas de sandales, un bonnet dahoméen en drap, une ceinture-cartouchière, le fusil et le casse-tête. Les casse-têtes des chefs étaient agrémentés d'une petite hachette.

Le costume des Amazones était généralement composé d'un pantalon bouffant, d'une veste courte terminée derrière par une pointe, s'allongeant en queue d'animal ; cette queue cylindrique et rembourrée, leur descendait aux mollets ; elles portaient en outre des jambières en coton foncé, puis des sandales en paille tressée. La tête était coiffée d'une toque rouge et ayant en avant, de chaque côté de la tête, deux yeux énormes, représentés par des cercles concentriques de galons blancs et rouges, quelquefois bleus-blancs-rouges, elles portaient en sautoir une sorte de musette en toile jaune ou en peau, quelquefois des ceintures-cartouchières où elles mettaient leurs minutions, puis un sabre court (pas toutes), un casse-tête à masse ronde, orné d'un aigle aux ailes déployées en cuivre, enfin le fusil qu'elles portaient derrière le dos, la courroie de suspension en cuir ou toile, traversant diagonalement la poitrine.

La vie des amazones était celle des guerriers dans les camps. Leurs obligations étaient la chasteté et la fidélité au roi ; elles prêtaient serment devant la cour pour ces deux choses, mais le roi pouvait les délier du vœu de chasteté, c'est ainsi que lorsque l'on avait besoin de recruter des guerriers, le roi sans avertir lâchait ses amazones dans les villages. Le pauvre nègre qui se laissait captiver par leur charme, était de suite amené au palais où on lui offrait la mort, pour crime de lèse majesté ou l'enrôlement dans les compagnies. Et on l'obligeait à s'enrôler. Je me suis laissé dire que les Amazones étaient d'excellents agents recruteurs. MM. les Anglais pourraient peut-être bien profiter de cette indication. Les Amazones s'exerçaient quelquefois au tir du fusil, mais ne sortaient en expédition que lorsque la garde royale, formée de tous les jeunes princes, sortait.

Quelques compagnies étaient armées de longs rasoirs ; c'était, paraît-il, non seulement pour couper les têtes de l'ennemi, mais pour les émasculer et elles devaient rapporter triomphalement au palais ces sanglants et ignobles trophées.

Des faits de ce genre, se sont du reste passés pendant l'expédition.

Les plus acharnées contre nous furent les compagnies de *Djikada* la plus connue et celle de *Cloucloucaccala*, qui avait des rasoirs.

Les chefs des amazones étaient choisies parmi les femmes les plus âgées et les plus vaillantes à la guerre, elles n'avaient aucun cheval et ne se mutilaient pas le sein droit. Elles portaient comme signe distinctif, une coiffe de guerre, sorte de bonnet assez haut et rigide en étoffe, orné de deux cornes d'antilope.

PALAIS DE NAHONGHI

mère du roi GLÉLÉ

est placé sous la protection du fétiche CABIESSOU (le Tonnerre)

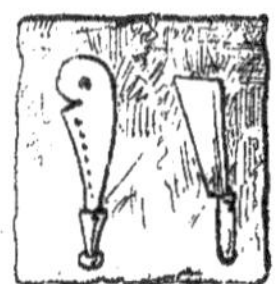

Coûteau et rasoir de GLÉLÉ.

Le 1ᵉʳ cheval acheté par GLÉLÉ à sa mère.

Tête du roi nago de TIAGA à côté d'ABÉOKOUTA.

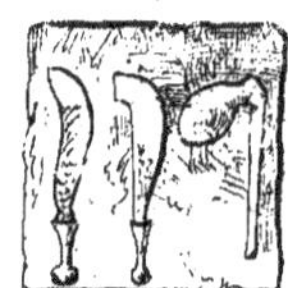

Sabres de GLÉLÉ et une bêche : avant d'être roi GLÉLÉ comme prince aimait être laboureur.

KINI-KINI le lion des lions, un des surnoms que prenait GLÉLÉ quand il écrivait aux européens.

Casses têtes.

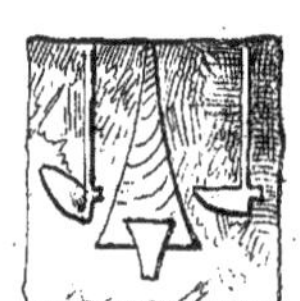

Pioche (hcpo) et bobine verticale de rouet à tisser KEKEY.

Chez la mère de GLÉLÉ les hommes labourent, les femmes tissent.

Outarde — Allégorie représentant GLÉLÉ — sabre et bâton de commandement.

Roi GUÉZO.

Le chef mahi NONOOPA en voulant fuir a été rattrapé par un pied et à eu le pied coupé.

Planche XXII — (Page 52-53).

RENSEIGNEMENTS GÉNÉRAUX SUR L'ARMÉE DAHOMÉENNE

Les hommes des compagnies portaient le nom de *Soflématas*. Les compagnies étaient organisées en régiments. Celui avec lequel nous avons eu le plus à faire, s'appelait *Adonovi*; il comptait 4 à 5 compagnies.

A part les compagnies et régiments organisés en tout temps, tout dahoméen devait le service au roi en temps de guerre. La réserve, si l'on peut appeler de ce nom la levée en masse, comprenait tous les hommes et toutes les femmes valides. Les femmes de cette réserve étaient employées au transport des vivres et des munitions. Les compagnies d'amazones les plus récentes de création, portaient un bonnet blanc, bleu, un pantalon bleu court et une petite jupe par dessus, un morceau d'étoffe bleu ou gris, couvrait les épaules et la poitrine, il était maintenu à la taille par une ceinture-cartouchière.

Les hommes de l'armée régulière formaient 14 régiments d'une force de 800 à 1,500 hommes chacun environ. Les amazones étaient divisées en 3 brigades, comprenant des espingolières, des chasseresses d'éléphants, des coupeuses de têtes armées de rasoirs gigantesques et des mousquetaires avec fusils à pierre. Les femmes des transports avaient une petite massue destinée à frapper l'ennemi et des sabres pour l'empêcher de fuir; elles avaient des cordes pour attacher les prisonniers et des sacs pour rapporter les têtes coupées; la prime par tête était donnée. Les drapeaux étaient de toutes sortes, représentant des fétiches, ordinairement faits d'applications d'étoffes voyantes sur fond blanc.

Des animaux étaient fréquemment représentés et souvent l'on trouvait des crânes ou des mâchoires suspendus aux drapeaux. Le drapeau national n'existait alors pas.

Les chefs Cabécères portaient la hache casse-tête insigne de leur commandement.

Dans l'armement figuraient encore des Snider, Winchester, Chassepot, Tabatière, Spencer, Werndll, Péabody, Mannlicher, Martini.

Les canons étaient traînés à la bricole, ils étaient d'un modèle moderne allemand et dirigés et pointés par des mulâtres.

Le transport des blessés se faisait comme celui des canons, à la bricole, à même le sol. Pas beaucoup de blessés arrivaient vivants à l'étape.

Pour les faire se battre les uns et les autres, on les enivrait d'anisado (anisette portugaise) et de gin ou d'eau-de-vie de maïs et souvent l'on éventrait devant la troupe des tonnelets, où chacun puisait à pleines mains ou pleine bouche. Ainsi enivrés, les dahoméens hommes et femmes, se lançaient sur nous comme des masses, ne reculant pas d'un pas malgré la mitraille et les baïonnettes. Ils avançaient toujours sans tactique aucune, se livrant aux coups, à la mort, ne sentant pas les uns, ne redoutant pas l'autre.

PALAIS DE NAHONGHI

Pierre à réduire le maïs pour faire de l'acassa.
La mère de Guézo prépare la nourriture pour son fils.

Mouton tenant une hache (fétiche CABIÉSSOU) représentant le tonnerre.

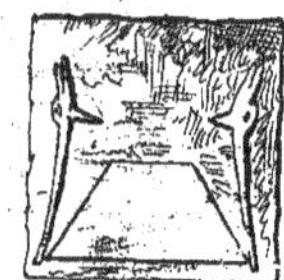

Tabouret de la mère de GLÉLÉ; à droite et à gauche deux bâtons royaux MACPO LOE.

DÉ, le palmier à huile, une des richesses des propriétés de la mère de GLÉLÉ.

La mère de GLÉLÉ pour enfanter son fils a été brillante comme la lune, vermeille comme le soleil.

Fourneau où sont préparés les aliments pendant la guerre.
Foyer, crânes humains; marmite, une jarre; aliments, de l'acassa, farine de maïs, dans une calebasse.

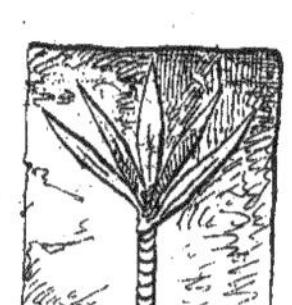

AGNAN, le cactus, croît sur les propriétés de la mère de GLÉLÉ, il les défend.

Fétiche CABIÉSSOU, le tonnerre; protège le palais.

Planche XXIII. — (Page 54-55).

LES PALAIS DAHOMÉENS, LEURS BAS-RELIEFS

Les palais dahoméens se présentent généralement sous forme de hautes constructions en terre de barre, dont les murs d'enceinte ont souvent deux mètres à deux mètres cinquante d'épaisseur, chaque palais a, en général, trois ou quatre enceintes. Il est rare que les habitations soient adossées au mur de la première enceinte sauf à *Takimbata*. Au contraire, les habitations ne sont guère qu'à l'extérieur de la deuxième enceinte et l'appartement royal proprement dit est généralement à l'intérieur de la troisième ou quatrième et forme en quelque sorte réduit. Ce réduit n'est, du reste, le plus souvent que la construction la moins sérieuse, la moins imposante du groupe. Tout est sacrifié comme grandiose aux premières enceintes et aux différentes cours que l'on est obligé de traverser pour arriver à l'appartement du roi, toujours inaccessible jusqu'au jour de notre occupation. La salle de réception des étrangers était toujours installée par le souverain, dans une des trois premières enceintes. Les premières cours entourant le réduit central sont concentriques et souvent ornées de bas-reliefs, destinés à montrer aux yeux des étrangers, les faits glorieux de l'histoire de la dynastie dahoméenne.

Cette préoccupation de frapper les yeux de l'étranger, se remarque partout et s'aperçoit du premier coup.

Les cours sont encore ornées de fétiches, souvent en grandeur nature et du genre fétiche guerrier. On n'y rencontre guère parmi eux le fétiche obcène mâle ou femelle, veillant au seuil des maisons particulières comme pour célébrer éternellement le mystère de la fécondation et la puissance créatrice de la reproduction humaine. Au palais, c'est le fétiche du tonnerre *Cabiessou*, puis la représentation de guerriers montés sur des crânes humains ou des crânes d'éléphants.

Quelques palais comme *Takimbata* ont des bâtiments à trois étages ; presque tous les autres ont des bâtiments composés d'un rez-de-chaussée et au plus un étage. Tous les palais ont des terrasses intérieures et quelques unes des terrasses donnant sur la place publique comme celles de *Simbodji* d'ou, au moment, des sacrifices, on lançait les victimes au peuple.

Ces terrasses sont en général élevées de trois mètres cinquante à quatre mètres au dessus du sol de la cour.

PALAIS DE NACHOGHITÉ

mère du roi TEKBESSOU

PLAN

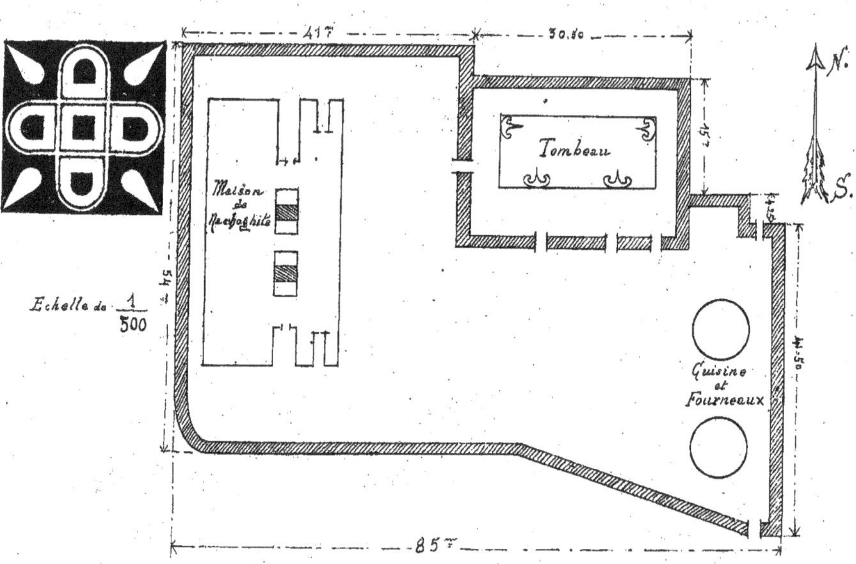

Tous les palais n'ont pas de bas-reliefs. Parmi ceux qui en avaient, j'ai pu prendre ceux d'*Hodjia*, de *Nahonghi*, de *Takimbaïa*, de *Bécon Onli*, de *Nachoyhité*. On m'a affirmé qu'il existait quelques bas-reliefs à *Simbodji* et à *Canadacho* (*Cana*), je n'ai pas pu les voir et cependant toutes facilités m'avaient été données par le roi Agoliagbo.

Les bas-reliefs des palais mesurent environ quatre-vingt centimètres carrés. Ils sont taillés en creux dans les soubassements des murs en terre de barre ; mais à l'intérieur des cadres creux, les personnages ou objets ont un relief d'environ trois à cinq centimètres.

Ils représentent trois sortes d'idées :

Scènes de carnage : La force, la puissance du Dahomey ; c'est la note dominante.

Instruments de culture, ustensiles de maison, métiers à tisser : Les dahoméens sont industrieux, ils sont cultivateurs et les femmes aiment les travaux de ménage.

Allégories : bœuf, éléphant, caïman, cochon, canard, oiseau, roussette : Le Dahomey est fort, son roi est comme l'animal représenté qui peut faire ceci, cela, ce que les autres peuples et rois ne peuvent faire.

Néanmoins ces bas-reliefs donnent quelques indications historiques sur les faits guerriers de certains règnes, presque ignorés par les écrivains, tel celui du roi Pengla pour lequel le P. Bouche et Fonssagrives ne donnent aucun détail. Ils fixent les idées bien mieux que les monstrueux fétiches au point de vue de l'art grossier de la sculpture au Dahomey.

Ce sont aussi les seuls documents écrits en quelque sorte des dahoméens qui ne connaissent ni le papier, ni l'écriture.

Les personnages représentés dans les bas-reliefs ont des proportions acceptables, des gestes et des poses qui ne sont point dépourvus d'intérêt. C'est pour cela qu'il m'a paru utile de les faire sortir de l'oubli où ils étaient enfouis dans mes notes depuis dix ans. A l'heure actuelle, ces bas-reliefs en terre séchée ont subi sans doute les intempéries du temps (rien ne les protégeait) peut-être même n'existent-ils plus ?

Mais les remarques ci-dessus faites sur les bas-reliefs donnent à penser que l'art européen ou américain n'y est pas étranger; il semble en effet que les motifs de décoration en rosaces sont retour du Brésil. ce qui ne serait pas étonnant étant donnée la présence à la cour d'Abomey des muiâtres descendant d'esclaves et portant des noms ronflants de l'armorial brésilien. Je dois dire que j'ai reconnu dans plusieurs rosaces des motifs de décoration vus sur des bijoux en or rapportés du Brésil dans la famille du chacha de Wydah, Francisco da Souza.

MOTIFS DE DECORATION DU PALAIS DE DJECBÉ-COCBÉPA
résidence du roi GLÈLE

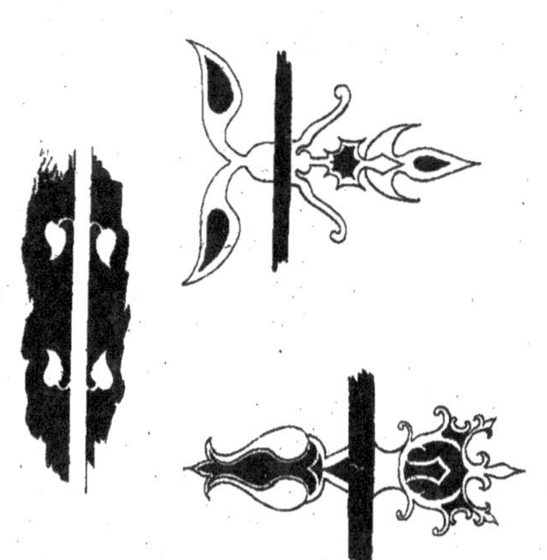
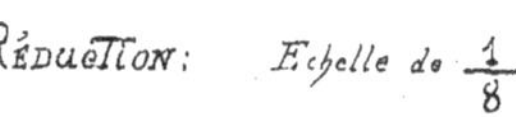

RÉDUCTION: Echelle de 1/8

APPRÉCIATIONS

Cet important travail, très consciencieux, et qui est une véritable reconstitution historique de l'ancien royaume d'Abomey, a exigé de son auteur, le Capitaine MAIRE, de longues et patientes recherches. En le transmettant à l'autorité supérieure, j'estime qu'il est de la plus haute importance d'en autoriser l'impression pour permettre non seulement à l'armée coloniale, mais encore à tous les chercheurs et savants de se rendre compte de l'histoire d'un royaume africain dont la conquête nous a coûté tant de sang et de peines.

Hyères, le 10 juin 1904.

LE CHEF DE BATAILLON,

MERIENNE LUCAS.

Je partage entièrement l'opinion du Chef de Bataillon MERIENNE LUCAS, sur la réelle valeur de ce travail qui a exigé de longs et patients efforts. Le Capitaine MAIRE y a fait preuve d'un labeur incessant, et d'une grande érudition.

Hyères, le 20 juin 1904.

LE Lt-COLONEL,

HÉRISSON.

Intéressante étude historique qui montre sous un jour nouveau la curieuse organisation de l'ancien royaume d'Abomey. — Ce travail dénote chez son auteur, le Capitaine Maire, une profonde connaissance de ce pays où il a servi en 1894, et qui a exigé de longues et patientes recherches de nature à intéresser tous les officiers de l'armée coloniale.

Hyères, 10 septembre 1904.

LE COLONEL,

SPITZER.

Ces notes sur le Royaume d'Abomey et la Dynastie dahoméenne sont très intéressantes, et font bien connaître avec les nombreuses reproductions des dessins et bas-reliefs relevés sur les murs des palais, résidences des rois, le résumé de l'histoire du Dahomey depuis le xviie siècle, les caractères de la race, la situation politique des territoires d'Allada et de Porto-Novo et les appétits inhumains de ces rois qui, à la fin du xixe siècle encore, n'hésitaient pas à commettre les actes les plus cruels pour les satisfaire.

Le Capitaine Maire prouve dans ces notes qu'il a bien utilisé les loisirs de son séjour au Dahomey en 1894 et qu'il possède un esprit très observateur et assidu de recherches.

Son travail mérite les félicitations du Général de Division.

Toulon, le 17 septembre 1904.

LE GÉNÉRAL COMMANDANT LA 2e DIVISION D'INFANTERIE COLONIALE,

Gal A. DUMAS.

Souvenirs d'Abomey

Au général DODDS, *vainqueur du Dahomey.*

« HOMMAGE RESPECTUEUX »

DEUX VISITES AU ROI AGOLIAGBO

à *Abomey*

Le général Dodds venait de terminer sa deuxième colonne ; Behanzin avait été embarqué à Cotonou à destination de la Martinique.

Les cris et les pleurs des femmes éplorées de l'ex-roi d'Abomey avaient si bien rivalisé avec les mugissements de la terrible barre, que maintenant encore le roi de Porto Novo, notre ami Toffa, tremble dans son palais de Bécon lorsque, dans les nuits d'orage, il lui semble reconnaître les hurlements poussés sur le rivage.

Le pays était calme, le hideux trafic des esclaves avait cessé grâce à l'énergie du Général Gouverneur.

Des autorités locales et royales avaient été judicieusement installées, l'une à Allada, capitale de l'ancien royaume d'Ardres, l'autre à Abomey, l'ex-capitale de Béhanzin.

Les cérémonies des deux sacres : Gigla, avec son chapeau haut-de-forme à Allada, Agoliagbo, avec des lunettes pour son nez, à Abomey, ont été trop bien racontées par M. le Commandant F. XXX, mal déguisé sous un pseudonyme breton.

Je n'essaierai pas de les retracer ; je ne les connais du reste que par ouï-dire, mais il est deux anecdotes qui me sont personnelles et qui valent la peine d'être dites, car elles éclairent un coin de l'âme dahoméenne et donnent une idée juste des mœurs des puissants et sanguinaires despotes de la côte des esclaves.

C'était donc en février 1894.

Pendant la poursuite de Béhanzin (1), le Général m'avait laissé à l'état-major du territoire conquis en me promettant de m'envoyer à son retour visiter la région d'Abomey.

Comme il me l'avait fait espérer, le 6 février il me donnait l'ordre de monter dans le nord avec mission de me mettre en relations avec le nouveau roi d'Abomey, de lui donner des leçons de cour, comme disait le Ct. T. XXX (notre chef d'état-major) et de relever les bas-reliefs en terre des palais dahoméens tout en m'intéressant à l'histoire de la dynastie dahoméenne.

En deux jours je fis le voyage de Porto-Novo à Abomey (100 kil.), en hamac porté sur la tête de robustes noirs.

Le premier soir je couchai à Allada après avoir passé par les petits postes ravissants de Savi et de Tori.

Le lendemain je traversai le grand marais de la Lama et je m'arrêtai un instant à Alvedgi et Zobodomé ; enfin Cana m'apparaissait, puis Abomey.

Dans cette ville je me présentais au Commandant B. X, par qui j'étais très bien reçu et, dès le lendemain de mon arrivée, je me rendais au palais de Simbodgi pour commencer ma mission et me mettre en relation avec le roi Agoliagbo.

La distance du camp militaire au palais de Simbodgi est d'environ 1.500 mètres.

La route va, presque toute droite, du nord au sud pour tourner assez brusquement à l'ouest à l'angle du palais de Takimbala, occupé autrefois par les amazones, et également prison et palais de la mère de Béhanzin.

Du camp au palais la route descend en pente très douce et est médiocrement abritée par des arbres, sauf en arrivant près du palais de Takimbala, où l'on rencontre quelques baobabs fétiches ; sous l'un deux se trouve une case largement ouverte, en terre de barre, avec un toit de chaume pointu comme une poivrière.

———————

Béhanzin a été pris le 27 janvier 1894.

Ce temple était l'ossuaire des ennemis vaincus ou exécutés, il était tapissé de crânes et de tibias que l'on fit
disparaître à notre arrivée pour y mettre des ossements de cerfs, d'autruches, de bœufs, etc..

Les baobabs portaient la même funèbre garniture et abritaient encore au moment de la prise d'Abomey une
pyramide composée de 32 crânes d'éléphants.

Plus loin on longe le mur très élevé de Takimbala, en ruine depuis l'incendie, et l'on tourne à l'ouest pour
arriver à 200 mètres de là sur la place royale d'Abomey avec au nord : Simbodgi, le palais du roi ; au sud : la maison du
chef des princes, Soglo, celle du ministre de l'intérieur Topa-Mélé et à l'ouest : celle du chef du pouvoir exécutif et bourreau,
le Migan.

J'arrival au palais vers 4 heures avec un interprète parlant le djedji (1) et quelques hommes d'escorte : J'étais en
grande tenue blanche.

____

(1) Le Djedji est la langue parlée au Dahomey (royaume d'Abomey seulement).

Le palais de Simbodgi, brûlé par Béhanzin, comme tout Abomey au moment de sa fuite, présentait plutôt un aspect misérable.

Le mur de l'enceinte du palais antérieur s'était en partie écrété ; toutefois à droite de la grande porte on voyait encore les vestiges de l'entablement supportant la terrase d'où les jours de grands sacrifices, les victimes étaient jetées au peuple ; la foule ivre d'anisado et de sang, tranchait les têtes avec de grands sabres, en même temps que des hérauts d'armes annonçaient urbi et orbi que le roi envoyait au ciel quelques messagers porter des nouvelles à son divin père.

Les pauvres victimes n'avaient qu'un droit, celui de se résigner ; car elles étaient renfermées dans des corbeilles ovales, allongées et peu profondes, et une forte toile attachée à l'orifice supérieur interdisait à l'occupant tout mouvement, la tête seulement passait au dessus de la toile par une ouverture étroite, les pieds et les mains des victimes étaient préalablement attachés avant la mise en corbeille.

J'ai appelé ces messagers de l'autre monde de pauvres victimes ; étaient-elles bien des victimes ? étaient-elles toutes des victimes ? je ne le crois pas : les victimes étaient rares ; car, il ne faut pas oublier que les rois d'Abomey étaient avant tout de grands trafiquants d'esclaves : un homme solide et bien fait se vendait 300 et 400 francs et le roi était bien trop intéressé pour sacrifier ce qui pouvait lui faire un revenu.

Les femmes, bêtes à reproduction, étaient rarement sacrifiées, sauf les amazones, qui avaient violé leur vœu de chasteté sans l'autorisation du roi.

Des renseignements que j'ai pu avoir il suit que sauf quelques ennemis politiques dont le roi avait intérêt à se débarrasser et quelques individus éclopés, bons à rien, ne pouvant facilement travailler pour vivre, et être vendus, le reste était les bandits, les voleurs, les assassins de toute une année.

Trois à six jours par an seulement au milieu de réjouissances publiques, on procédait à l'exécution des criminels ; c'était barbare, mais c'était justice.

On faisait au Dahomey ce que l'on ferait en France si M. de Paris, au lieu de promener pendant toute l'année sa sinistre machine, ne travaillait que pendant quelques jours par an en place de Grève.

Cette justice rendue en passant aux grands jours d'Abomey, je reviens à mon sujet.

J'étais donc arrivé devant la porte de Simbodgi.

Je frappai discrétement pensant que l'on allait m'ouvrir à l'instant.

Je me trompais : il y avait le Protocole ; une bande de jeunes princes noirs, avec mille protestations, me fit savoir que, comme à l'Elysée, il fallait demander une audience.

La chose me paraissait dure, car j'avais, dès la veille, fait prévenir le roi de mon arrivée.

J'attendis une demi-heure, puis las d'attendre, je frappai plus fort à la porte qui finit par s'entrouvrir mesquinement : « le roi n'avait pas encore examiné ma demande ».

Mes soldats écartèrent de la main les princes et ouvrirent largement la porte.

J'étais dans la première enceinte du palais, une espèce de conciergerie, habitée par la plupart des princes de la famille royale, ce qui est déjà une force respectable. Glélé, le père de Béhanzin, avait eu de ses 600 femmes, 82 fils et 96 filles.

L'aîné avait dans les 59 ans et tous avaient fait souche à leur tour d'un nombre respectable d'enfants.

Quelques pas me conduisirent en face de la deuxième enceinte; là, mêmes difficultés pour me faire ouvrir; je passe tout de même sans que le roi m'ait officiellement invité et je me trouve dans la deuxième cour.

Cette cour est circulaire et entoure le palais proprement dit qui forme réduit.

Elle est occupée par les femmes du roi, mais il ne faut pas prendre ce mot dans un sens absolu : les 5 ou 600 femmes d'un roi dahoméen, ne sont qu'une domesticité de palais.

Dans l'intimité du roi, vivent au gynécée quelques favorites, entre lesquelles le despote répartit ses faveurs, et quelques princesses; il ne les accorde que rarement aux autres femmes, il n'y a guère en somme qu'une douzaine d'épouses familières.

Parmi ces habitantes de la deuxième cour, il y en a que le roi n'a jamais vues.

A mon arrivée, les femmes effarouchées s'étaient toutes enfuies et l'on apercevait très loin, sous un abri en feuilles, le blanc de deux cents paires d'yeux trouant la peau noire.

Devant moi se dressait la 3me et dernière enceinte élevée de 6 mètres environ.

Là le chef des princes, Soglo, me fit dire que le roi allait me recevoir; mais je profitai de la porte entr'ouverte et je pénétrai à l'intérieur dans la 1re cour du palais.

Mon entrée faite, Soglo fit contre mauvaise fortune bon cœur et tout en grommelant me conduisit dans la salle des réceptions ordinaires où l'on m'apporta un tabouret en bois sculpté.

J'avais laissé mon escorte à la porte.

Je m'assis et j'engageai avec mon interprète une conversation sur les coutumes d'Abomey qui dura bien vingt minutes.

A ce moment un vacarme épouvantable éclata, vis-à-vis la salle de réception de l'autre côté de la cour, bâtiment que l'on me désigna comme étant les appartements privés d'Agoliagbo.

Le roi se décidait à me donner audience et le vacarme était celui de la fanfare du palais doublée d'une chorale de jeunes gens et de jeunes filles.

La fanfare jouait l'hymne national dahoméen et la chorale chantait les gloires du Dahomey ; c'était assourdissant et effrayant aussi, car les dents aiguës et blanches au milieu des écrins rouges et noirs me faisaient penser à toute une bande de cannibales.

Au demeurant c'étaient les meilleurs enfants du monde.

Le roi Agoliagbo après un : « Okou Dadi, okou, okou. » (salut Monsieur et ami : salut de bienvenue) auquel je répondis par un : « Okou Baba, okou Dada. » (salut père et roi), qui est la formule de salutation à l'adresse du roi, me tendit sa large main, en faisant claquer les doigts et me fit entrer avec lui dans la salle du trône, voisine de la salle des audiences ordinaires.

Le prince Goutchili devenu le roi Agoliagbo, un des frères aînés de Béhanzin, est un homme de haute stature, de poitrine puissante et de larges épaules ; il porte enroulé autour de ses reins un riche pagne tissé assez artistement par les femmes du palais, l'étoffe est de coton rayé de larges bandes claires sur fond de ton foncé.

Ce pagne s'attache aux reins par un repli, quelquefois par une ceinture d'étoffe étroite et à boucle d'argent.

Sur son torse nu est jetée négligemment une autre pièce d'étoffe rayée aussi qui va d'une épaule à l'autre en formant des plis comme ceux de la toge romaine. Le roi porte en outre à ses longs pieds des sandales dahoméennes en cuir découpé et brodé.

Il est coiffé d'un casque-tiare, moitié étoffe bleue, moitié argent qui peut ressembler si l'on veut à un diadème royal, mais dont les branches montantes dessinent une sorte de cimier.

Sa coiffure ordinaire est un fez de velours à fond arrondi.

La chose la plus remarquable dans son équipement royal était la paire de lunettes pour le nez qu'il portait solennellement avec des branches passant derrière les oreilles et des opercules à la place des verres, opercules percés de petits trous, pour permettre la respiration et qui s'adaptaient exactement aux larges narines de son nez épaté.

Nous verrons tout-à-l'heure l'importance capitale de ces lunettes.

L'aspect du roi Agoliagbo donne l'impression d'une force physique extraordinaire.

Sa physionomie sous son attirail est intelligente, mais brutale ; les yeux sont vifs, le bas du visage carré, la bouche est large, les dents sont saines et bien rangées, les oreilles moyennes, le front moyen, les pommettes peu saillantes, le nez court et largement épaté, la barbe rare est comme les cheveux courte et crépelée.

Le roi a une démarche lente et majestueuse avec un léger balancement des hanches ; il est précédé des ministres et de princes, qui, avec leur vêtement, leurs pieds, leurs mains et des feuilles de palmiers, écartent du chemin, que doit suivre le roi, toute pierre, poussière ou brindille, car le Dahomey courrait un grand danger si le roi venait à faire une chute.

Ce nettoyage se fait en prononçant le mot « dé, dé », qui veut dire, attention, attention voici le roi.

Derrière le roi, vient sa famille, en général des princesses et de jeunes enfants, mais ces princesses ne forment pas là une suite inutile : l'une porte la pipe du roi, une autre le crachoir, une autre l'éventail, une autre un couteau, une autre les cure-dents ; il y en a comme cela une douzaine.

Le roi me conduisit par la main jusqu'en face d'une chaise immense, étroite, formée d'un escabeau d'accès et d'un siège, le tout sculpté dans un seul morceau de bois.

Pendant ce temps, la fanfare et la chorale rivalisaient d'ardeur : Je ne pouvais dire un mot.

Le roi escalada le trône qui atteignait la toiture de la salle et pouvait avoir quatre mètres de haut ; d'un geste, il arrêta la musique et donna l'ordre à son vieux ministre Topn-Mélé, de me faire avancer un petit siège sculpté, de la hauteur d'une chaise ordinaire.

A ce moment la cour qui, depuis l'arrivée du roi dans la salle, se tenait prosternée le nez dans la poussière, fut autorisée à se lever et à jouir du spectacle, du roi d'Abomey, dominant de trois mètres l'officier français, représentant le Général Gouverneur, vainqueur du Dahomey.

Quelques sourires éclataient déjà sur les faces noires, le roi était impassible et attendait de me voir assis; mais j'avais trop vivement senti l'insulte et j'avais une belle occasion de donner à Agoliagbo, sa première leçon de cour.

L'hymne national et les chants avaient recommencé; je demandai qu'ils cessassent immédiatement, ce qui me fut accordé; puis me tournant face au roi:

Je lui reprochai d'avoir failli me faire attendre et le priai de me faire porter un siège plus élevé; je ne comprenais pas que le représentant du Général Gouverneur et par suite de la France, se trouvât ainsi humilié en face d'un peuple vaincu et châtié sur lequel lui, roi Agoliagbo, n'avait autorité quelconque que par la France et ses traités.

Le roi Agoliagbo réprima un geste de mauvaise humeur, s'en prit à son pauvre ministre Topa-Mélé et dépêcha le Migan, son exécuteur des hautes œuvres, pour aller me chercher un siège de la même hauteur que le sien.

Je dûs grimper auprès du roi; mais il était alors bien difficile de correspondre avec l'interprète qui était resté en bas.

Le service du roi se faisait mal, il était dangereux; les princesses approchant de la personne royale, devaient grimper de chaque côté de l'estrade chaque fois que le roi avait besoin du mouchoir, de la pipe, du crachoir.... Je lui fis demander s'il n'aimerait pas mieux descendre et s'installer en bas plus commodément; il accepta avec plaisir et, après une descente périlleuse, il me fit repasser dans la salle des réceptions ordinaires où ce que l'on appelle à Toulon un apéritif d'honneur était servi : cigares, cigarettes, champagne, absinthe, amer Picon et le fameux Coca-Mariani.

Le lit de camp du roi avait été approché de la table, et, tandis qu'Agollagbo rejetait le voile cachant son torse et ses épaules et m'offrait de m'asseoir sur un siège, il s'étendait de son long, appuyé sur le bras gauche pendant que les princesses s'empressaient à l'envi autour de lui ; en effet la cendre du tabac fumé par le roi doit être à l'abri de toute profanation ; chaque goutte de sueur du roi est recueillie par la princesse au mouchoir ; le crachoir, l'éventail, circulent constamment ; une princesse seule ne porte rien, mais son rôle n'est cependant pas une sinécure : c'est la gratteuse ou la masseuse ; le roi lui indique paresseusement l'endroit de son torse où il faut gratter ou masser et alors avec ses ongles ou avec la paume de la main, elle exécute ce que le roi a demandé.

Du reste tout ce service se fait avec ordre et régularité ; la plus âgée des princesses est maîtresse des cérémonies et dirige toute l'étiquette dans ses plus petits détails ; c'est une tante du roi.

La musique avait repris, mais elle cessait à des intervalles qui permettaient de causer un peu.

Les reprises s'effectuaient ordinairement à chaque mouvement que faisait le roi, mais alors chaque fois ce n'était plus qu'une ritournelle.

Les instants de calme me permirent de demander au roi l'usage de ses lunettes pour le nez que je voyais pour la première fois.

Avec infiniment d'aménité, le roi me répondit que les grands fétiches avaient été consultés au moment de son sacre par le grand féticheur de la cour Bocono Guédegbé, de concert avec notre ami Poizon, oracle suprême d'Athiémé ; ceux-ci avaient prédit au roi qu'il avait tout à craindre des mauvaises odeurs, que s'il devait un jour mourir, ce serait d'en avoir respiré et, pour conjurer le mauvais sort et empêcher le roi Agollagbo de manquer au bonheur de ses sujets, ils lui avaient fait confectionner ces fameuses lunettes à branches pour le nez dont les opercules sont percés de trous à la fois assez grands pour permettre de respirer et assez petits pour empêcher les mauvaises odeurs de passer.

L'explication me suffit pleinement, je félicitai le roi d'avoir su parer au danger qui menaçait son peuple, mais je ne pus en même temps étouffer une forte envie de rire.

Je sauvai la situation en avalant d'un coup mon verre de coca.

Le roi n'avait pas encore bu et le roi ne doit pas boire ni faire aucune action de la vie animale en public devant ses sujets, sinon parler, se tenir assis ou couché et marcher.

Comment le protocole dahoméen allait-il s'y prendre ? le roi s'était aussi versé un verre de coca et depuis quelques instants, il tournait son verre entre ses doigts.

Tout d'un coup il se redresse sur son séant au bord du lit de camp et me présente son verre en l'élevant; j'en fais autant du mien et aussitôt la fanfare et la chorale font demi-tour dans la cour et se mettent à faire un bruit infernal, les ministres, princes et princesses s'abattent dans la poussière au devant de nous, puis, prennent de la poussière (poussière rouge, ténue) dans leurs deux mains et s'en répandent sur la tête et les bras d'une façon continuelle; un vrai mercredi des cendres.

Cependant deux princesses désignées prennent un grand voile et s'agenouillent chacune à un des bouts du grand côté du lit; elles sont inclinées la tête en bas et élèvent de la main le voile qui forme barrière entre le roi et le public : leur position est celle de deux anges noirs, tenant le voile du temple.

Mais le roi a bu, il claque de la langue, le voile s'abat, chacun se relève et reprend sa place pendant que les ministres et toute la cour embrassent le sol, s'y frottent les joues, claquent des doigts et de la langue, puis poussent un « ah ah ah » formidable entrecoupé de tapotements des mains contre la bouche ouverte et sonore.

Le frère aîné du roi, chef de la famille royale, le prince Allodoponougan se met à danser au milieu de la cour un cavalier seul, comme un homme ivre.

Cette mimique est la façon de former des vœux à l'adresse du roi et de lui témoigner sa joie, son respect.

Il était environ six heures, ma première visite avait assez duré ; je demandai la permission de prendre congé et le roi se leva, m'offrant un cigare.

Puis, il me prit la main et me reconduisit à travers les trois enceintes du palais jusque sur la place royale où je retrouvai mon hamac et mes hamaquaires.

Les princes nous avaient accompagnés en poussant leur « dé, dé », Soglo tenait le bas du pagne du roi et la musique assourdissante avec la chorale nous avaient suivis.

Au milieu de la place royale en face de la porte du palais, au-dessus d'un grand fromager, flottait le drapeau dahoméen jaune, rayé de noir, portant à l'angle supérieur les couleurs françaises ; je le saluai en le montrant au roi, qui s'inclina.

Après une dernière poignée de main, je montai en hamac, mon escorte me précédait et le roi pour me faire honneur, m'avait donné la moitié de sa suite de princes pour m'accompagner jusqu'au camp.

J'étais content de ma première visite ; malgré la leçon que j'avais donnée au roi Agoliagbo, nous nous quittions bons amis : il était entendu que je viendrais tous les jours, à n'importe quelle heure de la journée voir le roi ; que l'on ne me ferait attendre à aucune des portes ; que tous les palais me seraient ouverts pour y prendre le dessin des bas-reliefs ; que Soglo, le chef des princes et la princesse Sokamé, seraient mis à ma disposition pour me présenter partout.

Dès les jours suivants, je devais m'occuper de l'histoire de la dynastie, en commençant par me rendre compte de l'importance de la famille royale.

Pendant de longs jours, j'eus à subir le défilé et la présentation de tous les princes et princesses.

Pour établir les degrés de parenté, j'avais projeté de dresser un arbre généalogique, mais je dus y renoncer, car au bout de huit jours je n'en étais encore qu'aux familles des oncles du roi et j'avais déjà fait connaissance avec 500 princes et princesses.

Dans l'une des premières visites qui suivirent mon entrée en fonctions, ce qui m'arriva mérite également d'être conté.

Le roi m'avait ménagé une surprise.

Averti, par quelque indiscrétion sans doute, que j'étais du pays des montres, et me croyant quelque peu horloger, il avait disposé sur la table de la salle de réception, au lieu de la coca habituelle, une collection d'une vingtaine de réveils-matin, de toutes formes et de toutes espèces, grands, petits, avec sonnerie ou musique.

Après un accueil empressé, le roi me fit dire qu'il était chagrin d'avoir tant de montres et de ne pouvoir connaître l'heure : aucune ne marchait.

Je n'ai jamais été horloger, cependant je réussis à en remonter quatre ou cinq qui voulurent bien s'y prêter et le roi se montra si satisfait qu'il me fit faire des compliments sur ma science éclairée et qu'il voulut me récompenser.

Parmi les jeunes princesses qui m'avaient été présentées, j'avais remarqué une mignonne créature, véritable figurine noire de Saxe ; c'était une fille que le roi avait eue de la princesse Sokamé ; il la fit conduire près de moi et me dit qu'il me la donnait pour femme. Le présent était vraiment royal. Sokamé II avait quinze ans ; douée de formes graciles, mais exquises, avec de grands yeux doux, elle avait un petit air éveillé où beaucoup d'autres que moi se seraient trouvés pris.

Mon premier mouvement fut d'accepter illico. Avoir pour femme une Vénus noire, être le gendre d'un roi, c'était très séduisant, mais mon rêve devait s'évanouir aussitôt ; mon royal beau-père posait ses conditions : les enfants, s'il y en avait, seraient dahoméens, et au jour où je quitterais Abomey, je ne pourrais jamais emmener Sokamé II avec moi.

Cette restriction à sa royale faveur me fit dresser l'oreille, je demandai une nuit pour réfléchir, et le lendemain je refusais le cadeau royal, pensant avec raison que si le roi défendait que son enfant s'éloignât, c'est qu'il craignait que gagnée par de bons soins et une vie large, sans entraves, elle oubliât les traditions, et qu'au lieu de servir d'espionne au milieu de nous, pour le compte du roi son père, resté comme ses frères, malgré tout, l'ennemi de l'européen, elle nous dévoilât les sacrifices humains secrets, et les complots qui ne cessaient de se tramer à la cour d'Abomey.

Qu'aurait fait M. P. Loti dans la circonstance ? je ne me le suis pas demandé.

Et voilà comme quoi dès les premiers jours de mon séjour à Abomey, je donnais une leçon au roi Agoliagbo, et si je déclinais l'honneur d'être son gendre, je restais assez bien avec lui et les personnages du palais pour pouvoir m'occuper sans entraves de l'histoire de la dynastie dahoméenne et établir sa formidable généalogie.

La mission que m'avait confiée le Général Gouverneur, il n'y avait aucun doute, serait remplie.

Je restai à Abomey jusqu'en juin 1894, époque à laquelle le Général me fit redescendre pour rester à l'état-major à Porto-Novo, état-major où nous n'allions plus être que quatre, par suite de la rentrée du Général Gouverneur, qui se disposait à goûter, en France, un repos glorieusement gagné.

J'arrivai à temps pour saluer le Général, le commandant chef d'état-major, le capitaine F. X. et mon cher ami le lieutenant, aide de camp du général.

Le chef des princes, Soglo, m'avait accompagné pour présenter au général les souhaits royaux d'Agoliagbo.

Ainsi mes leçons de cour avaient profité, mais elles devaient être trop vite oubliées, si bien qu'il y a quelques mois, l'officiel annonçait que le souverain d'Abomey, dont j'avais failli être le gendre, obtenait pour le Congo un congé illimité.

Il y est encore.

On m'a dit que Soglo était mort; mais qui sait où sont les deux Sokamé ?

QUESTION D'ÉTIQUETTE

A ABOMEY

COMMENT RECONNAITRE LES FEMMES DU ROI

Pour montrer sa soumission et peut-être aussi parce qu'on l'avait obligé à le faire, le roi Agoliagbo envoyait au rapport du commandant du poste d'Abomey (Ct. B...) tous les matins vers sept heures, un ou plusieurs de ses ministres avec une suite.

Pendant mon séjour à Abomey à cause de mes relations journalières avec le palais, le commandant m'avait chargé de ces rapports et du palabre à faire.

Voici comment cela se passait.

Les ministres députés m'envoyaient à l'avance un de leurs fidèles serviteurs m'avertir qu'ils arrivaient.

Je sortais à peine sous ma vérandah que je les recontrais; ils avaient avec eux une vingtaine de personnes du palais.

Le plus âgé des ministres, habituellement Topa-Mélé, élevait au dessus de sa tête un objet entouré d'un morceau d'étoffe, objet qu'il ne descendait à hauteur de sa poitrine que lorsqu'il avait pénétré dans la salle des rapports; alors délicatement il écartait l'étoffe de soie, et découvrait le bâton ou sceptre du roi en bois d'ébène rehaussé de pierreries et orné de garnitures d'argent.

Au sommet de l'angle formé par le bâton recourbé se trouvait enchâssée une améthiste superbe au milieu des quatre bras d'une croix latine en argent; quelques pierreries, topazes, saphirs, rubis, diamants, agrémentaient le petit côté.

Le ministre me faisait voir et toucher pour que je puisse bien constater que c'était véritablement l'insigne du roi et qu'il venait bien de sa part afin que j'aie toute confiance en lui.

Les dahoméens n'ont pas d'écriture, les communications se font chez eux par l'intermédiaire de confidents ou hommes de confiance qui, pour être accrédités, doivent toujours porter un objet bien connu appartenant à la personne ou au chef dont il sont les mandataires.

Cette présentation faite, il y avait un échange de compliments : le roi envoyait ses souhaits au Commandant, au lieutenant du Général, aux officiers du poste et aux soldats blancs, jamais au noirs.

Je le remerciais et l'assurais du respect de tous et de l'amitié du Général et de la France.

On procédait ensuite au règlement des questions courantes.

Les demandes de la veille avait-elles reçu de la part du roi un commencement d'exécution ?

Si oui, on passait aux affaires de la journée : le travail, les porteurs, les mesures de police, d'hygiène, etc.,

Si non, on invitait le ministre mandataire du roi, à entrer dans un salon d'attente où il pouvait se promener, s'asseoir, manger, fumer, boire, faire tout ce qu'il voudrait.

Le bâton royal ne le quittait pas.

Puis on envoyait l'autre ministre, les princes et les serviteurs au palais avertir le roi que son ministre et mandataire était en sûreté et qu'il était invité à prolonger son séjour au camp jusqu'à ce que les ordres de la veille aient été exécutés ou fussent en voie d'exécution.

Le sceptre royal suivait le sort du ministre, il était intact et pieusement conservé et serait retourné en même temps que le ministre.

La réponse du roi ne se faisait pas attendre ; rarement plus d'une heure après, un 2ᵉ ministre porteur d'un 2ᵉ bâton venait prier le commandant de lui rendre son sceptre et son ministre.

Les demandes faites étaient accueillies, elles étaient satisfaites ou en voie d'exécution et le roi s'excusait de la stupidité de ses ministres qui n'avaient pas su se conformer aux différents ordres qu'il avait fidèlement transmis.

Le ministre porteur du sceptre sortait alors et oubliait en général de me remercier de l'hospitalité que je lui avais offerte.

Cette cérémonie du rapport se reproduisait tous les jours, depuis un mois à partir de mon arrivée, et jamais encore le roi n'avait exprimé un désir quelconque.

J'avais fait part de mon étonnement au sujet de cette extrême réserve et le ministre avait fidèlement rapporté mes paroles au roi, car, le lendemain du jour où j'avais fait cette remarque, au milieu de beaucoup de réticences le vieux Topa-Mélé en tête de tous les ministres et d'une bande de princes me fit savoir que le roi désirait quelque chose.

Je promis d'avance mon appui auprès du Commandant du poste ou auprès du Général Gouverneur si la demande le comportait et qu'elle ne fût pas déraisonnable.

Elle ne l'était pas, comme on va le voir.

Pour n'avoir pas à se découvrir le torse pour saluer, les femmes du roi qui allaient puiser de l'eau à la fontaine royale à environ 2 kilomètres du palais au-delà du camp, les femmes du roi dis-je, longeaient le camp, les seins au vent, les mains élevées au dessus de la tête pour tenir leur cruche en terre cuite ; la vue de ces femmes dont les charmes, pour noirs qu'ils fussent n'étaient pas dépourvus d'attraits, le geste gracieux des bras figurant les anses d'une amphore, la marche lente, le balancement des hanches et des croupes rebondissantes sous le petit pagne serré qui laissait à nu les mollets et les pieds, le cliquetis et l'éclat argenté des anneaux d'oreilles, des colliers et des bracelets de mains et de pieds, avaient souvent exalté les sentiments tendres de nos soldats européens et quelques-uns plus audacieux que les autres avaient voulu voir si, bien vrai, tout cela n'était pas en bronze.

Les hommes dans tous les pays et sous toutes les latitudes, sont comme Thomas : la vue ne leur suffit pas, il faut qu'ils touchent.

Or, dans le cas présent, toucher était grave ; en dehors de toute idée immorale ou immodeste, c'était une atteinte portée à la dignité royale, car ces femmes étaient des femmes du roi et, pour une semblable faute, un noir était puni très sévèrement, même de mort.

Le roi ne voulait pas demander de punition contre les blancs, mais il faisait savoir qu'il cherchait un moyen d'empêcher le renouvellement de ces fautes de lèse-Majesté.

Je répondis au ministre que les femmes du roi n'étaient ni mieux ni plus mal que les autres, que rien ne les distinguait de celles qui n'étaient pas femmes du roi ; que les soldats seraient avertis de nouveau qu'ils ne devaient se permettre aucune privauté publique avec les femmes dahoméennes et qu'avec le roi on chercherait comment on pouvait faire reconnaître ses femmes.

Ma proposition de faire appliquer une fleur de lys sur l'épaule soit avec une couleur blanche, soit avec un fer rouge, toute royale qu'elle fût, n'eût aucun succès.

Le roi cherchait mieux que cela ; il allait consulter les fétiches et l'on pensait que le lendemain on pourrait s'entendre sur cette grave question.

Les ministres se retiraient, le rapport fini, en protestant encore au nom du roi, que le roi ne voulait préserver des privautés des soldats français que les femmes de son palais, que pour les autres, on pourrait être hardi autant qu'on le voulait, que cela lui était parfaitement égal.

Il importait donc de trouver une solution.

Les ministres partis, le Commandant et moi avions discuté de l'affaire, et loin de nous mettre l'esprit à la torture, nous avions décidé de renouveler à la troupe la défense de prendre des privautés sur les femmes qui passeraient à proximité du camp et nous attendrions les projets du roi.

Le lendemain je ne songeais déjà plus à l'incident de la veille lorsqu'arriva Topa-Mélé suivi du Migan, de Soglo, des autres ministres et d'une vingtaine de dignitaires du palais.

Cette arrivée solennelle me tira de ma torpeur et les salutations d'usage n'étaient pas finies que déjà les femmes du roi étaient sur le tapis.

Topa-Mélé en sa qualité d'ancien (67 ans) et de ministre de l'Intérieur me demanda si j'avais trouvé une solution.

Je lui fis part des mesures prises et de l'insuccès de mes recherches; il accepta ma réponse, me remercia pour les ordres donnés à la troupe et me dit qu'il pensait que le roi, inspiré par les grands fétiches, avait trouvé la solution; il allait me la faire connaître.

Il fit alors sortir du groupe des princes un de ses fils qui portait un paquet assez volumineux, recouvert d'un pagne.

Vous pensez si ma curiosité était excitée : qu'allait-il sortir du paquet?

Tout simplement des colliers circulaires en fort fil de fer recouvert d'une gaine en peau ; le collier se fermait en arrière par un crochet, en avant chacun portait une de ces grosses clochettes plates qui ont été à la mode pendant un temps pour les bicyclettes et qu'on appelle en Comté et en Suisse des campènes.

Ce sont de ces colliers et de ces campènes que l'on met au cou des bœufs ou des vaches conduisant les troupeaux au pâturage.

Je retins un éclat de rire pendant que Topa-Mélé me faisait admirer avec l'idée géniale du roi, la beauté du travail et la façon de s'en servir.

J'éclatais tout-à-fait quand Topa-Mélé gravement pour me faire juger de l'effet, passa un des colliers à son cou, puis après lui le Migan, Soglo et tous les autres.

A ce moment, le Commandant B..., passait devant la salle, je lui demandai s'il voulait bien approuver l'idée du roi, et il n'était pas plutôt entré que Topa-Mélé suivi du Migan, de Soglo et de tous les autres se mirent à tourner autour de nous en une ronde folle.

C'était de la joie : la démonstration de l'utilité du collier à campène dura un grand quart d'heure.

Le Commandant et moi, centre de ce cercle musical aux sonorités tantôt aiguës, tantôt graves, n'en pouvions plus, exténués par un rire fou. Nous avions beau approuver, dire que c'était très bien, il fallut subir jusqu'à la fin cette répétition d'un nouveau genre

Après une dernière explication de Topa-Mélé qui nous dit qu'à partir de midi les femmes iraient en procession chercher de l'eau à la fontaine royale, et que la première femme de chaque groupe, le chef de file, aurait un collier à campène, la députation dahoméenne songea à s'en aller.

Le rapport était terminé, il était temps, nous avions tant ri que nous avions besoin de repos.

Topa, les ministres, les princes repartirent enchantés, et après nous avoir serré les mains, ils firent entendre des claquements de langue et des claquements de doigts et se frappèrent la bouche de leurs mains en faisant un formidable ah ! ah ! ah !

Ils étaient heureux, le roi allait être content.

C'est depuis cette époque que l'on voit les femmes du roi d'Ahomey se promener avec des chefs de file portant le collier à campène.

Cette mode nouvelle fut indiquée au rapport de la place, afin que tout le monde apprît à reconnaître les femmes du roi, et à se garder de sentiments trop tendres envers elles.

Mais depuis ce temps là, je n'ai pas pu voir passer les femmes du roi, même y penser sans que ma mémoire n'évoque un coin de Suisse, de beaux troupeaux tâchetés de roux et la mélodie alpestre du « Ranz-des-Vaches ».

CÉRÉMONIES EN L'HONNEUR DU ROI DÉFUNT

L'appel aux ancêtres. — Les danses des princes. — Danse des Amazones. — Envoi de messagers funèbres au roi défunt. — Éloge du roi GLÉLÉ prononcé par le roi AGOLIAGBO en présence des trônes des ancêtres

Le fétichisme, que l'on a l'habitude de traiter de religion grossière, ne l'est pas autant que l'on veut bien le croire.

Le fétichiste croit à l'immortalité de l'âme ou du moins à la survivance de l'âme des ancêtres. Sa religion est un paganisme spiritualiste en quelque sorte comme celui des romains, comme le culte chinois; le fétichisme a son Olympe où trônent les grands fétiches et où vont se reposer les âmes humaines après la mort.

Le fétichiste a le culte des forces de la nature et surtout celui de la force créatrice de tout : la génération sous toutes ses formes, qu'il représente aux yeux par des monstruosités humaines exposées au seuil de toutes les maisons.

Il professe un grand respect, une vénération sans bornes pour les esprits des ancêtres à qui il sacrifie et à qui il attribue une grande influence sur la propagation de sa race, de sa descendance et sur la conduite de ses affaires.

C'est ainsi qu'un roi d'Abomey ne pouvait succéder à son prédécesseur, son père ou son frère, sans avoir accompli les grandes cérémonies funèbres qui ne se font, du reste, que la troisième année après sa mort.

Glélé était mort en 1889.—Béhanzin avait commencé les petites cérémonies, mais les grandes n'étaient point accomplies . lorsque éclata la guerre avec nous et il n'eut plus le temps de les finir. C'est pour cette raison, ont dit plus tard les féticheurs, que Béhanzin ne put régner et dans la liste des rois dahoméens, le roi actuel oublie volontairement de l'y compter, comme nous allons le voir.

Agoliagbo, nommé par nous (3 décembre 1892), manifesta dès février 1893 son désir d'accomplir les cérémonies et sacrifices funèbres en l'honneur de son père Glélé : cérémonies que n'avait pu accomplir Béhanzin.

L'autorisation lui fut donnée par le Général Dodds, gouverneur, sous réserves qu'aucun sacrifice humain n'aurait lieu soit en public soit au palais.

Lorsque je fis part au roi de l'autorisation donnée par le Général, il se mit à danser de joie un cavalier seul qui aurait fait courir tout Paris si tout Paris avait pu le voir, et pour me prouver sa joie il me pria de transmettre au Commandant B... et aux officiers français d'Abomey l'invitation d'assister aux cérémonies qui seraient publiques sur la place en avant du palais de Simbodgi et commenceraient huit jours après : exactement le 20 février.

L'invitation fut acceptée et, le jour dit, le Commandant B. et de nombreux officiers, se trouvaient au rendez-vous. Une grande tente avait été préparée, sous laquelle s'élevait une estrade tendue de soie bleu de roi. Au centre, le trône du roi, puis en demi-cercle, des sièges dahoméens pour les officiers français. En avant du trône et en dehors de la tente une place libre de 20 mètres carrés où se prosternaient dans la poussière les ministres et quelques princes familiers. Là aussi, seuls, revêtus de grands pagnes, les grands féticheurs Bocono-Guédégbé et notre ami Poizon, chef d'Athiémé, qui nous fut si utile pour la capture de Béhanzin. Le service du roi était fait par des princesses vieilles et, par une gentillesse toute particulière, il avait fait désigner pour notre service de jeunes princesses qui nous passaient des fruits, des sirops, des cigarettes. Le roi paraissait rayonnant. Il était vêtu de son plus beau pagne et portait en tête le casque tiare : la paire d'opercules d'argent brillait à son nez.

Après s'être levé pour proclamer l'ouverture des fêtes, il descendit lentement en nous priant de le suivre pour assister à l'appel de ses ancêtres.

Alors, avec force princes pour lui préparer la route et tenir le bas de son pagne, il nous conduisit, accompagné du grand féticheur, jusqu'à l'extrémité d'une rangée de sièges royaux placés sur le côté droit de la tente et parallèlement au mur du palais de Simbodgi. Derrière chacun de ces sièges était à genoux, le corps affalé en avant, une princesse de la famille royale.

Ces personnes d'âge mûr toutes, avaient été choisies parmi les plus grasses de la famille. C'était sans doute une attention toute particulière pour le roi Glélé qui aimait qu'autour de lui il n'y eût que des visages bien réjouis, ne respirant pas les privations, la misère.

Chacune de ces princesses tenait une ombrelle de soie aux couleurs voyantes; toute la gamme y était : les unes rouges, les autres bleues, jaunes, vertes, violettes, etc... (1)

____

(1)Au Dahomey, dans le fond du palais royal se trouve comme un musée de décors et d'accessoires qui servent aux grandes cérémonies

Ce sont des fusils, des sièges, des couteaux, des casse-tête, des armes de toutes sortes, des vêtements, ombrelles, qui ont appartenu aux rois, princes, chefs célèbres. Il y a là de véritables richesses anciennes et très curieuses.

C'était ainsi la coutume traditionnelle de tenir soigneusement à l'ombre, l'ombre de l'ancêtre qui est censée occuper son ancien siège royal.

Le roi, arrivé au premier siège, se retourna, détacha son sabre, le passa à un prince qui le reçut à genoux, puis enleva son casque, le donna à un autre prince qui le tint sur un coussin de cuir ajouré. Le roi descendit alors le riche pagne qui recouvrait ses épaules et parut nu jusqu'à la ceinture.

Il avait là tête complètement rasée sous sa tiare, la barbe rasée, le torse (ordinairement couvert de poils), rasé; les princesses derrière les sièges étaient également rasées et leurs crânes luisaient sous l'ombrelle ; elles étaient dévêtues jusqu'à la ceinture.

Inutile de dire que tous les princes et serviteurs qui accompagnaient le roi étaient aussi rasés et avaient le torse nu. Alors le roi procéda à l'appel des ancêtres.

Au premier siège il demanda Gan Ekressou et la princesse répondit par un « Ya » formidable qui, dans le pays, veut dire « présent ».

La réponse reçue, le roi se prosterna trois fois les deux genoux à terre, puis se fit passer par le grand féticheur un plateau rempli de fruits, de farine de maïs et de quelques mets préparés, antilope rôtie, etc... il posa le plateau sur le tabouret.

Puis il passa au tabouret suivant et appela Dachko ; la princesse à l'ombrelle répondit par le même « Ya » que la première; le roi se prosterna trois fois et offrit des présents.

Et la cérémonie se continua ainsi devant la rangée des onze sièges royaux et comme en reconduisant le roi sous la tente je lui faisais part de mon étonnement de ne pas avoir entendu appeler la liste complète des rois à laquelle il manquait deux personnes, il me répondit que les tabourets des rois Adandozan et Béhanzin n'existaient plus, qu'ils avaient été brûlés et que les deux princes avaient été rayés de la dynastie, le premier pour inconduite, le deuxième pour avoir amené la ruine du Dahomey.

Je me fis expliquer l'inconduite d'Adandozan que j'ai relatée dans un autre travail (1), puis le roi aborda la question de Béhanzin. Après bien des ménagements et des détours il nous dit, s'adressant au Commandant B... et à tous les officiers présents :

---

(1) Notes précédentes sur la dynastie dahoméenne. — 1ᵉ partie.

« Le Dahomey avant Béhanzin était l'ami de la France, la grande nation. Rien n'aurait dû altérer les liens qui unis-
» saient les deux rois (1). Il a fallu les prétentions et la mauvaise foi du prince Kondo-Ahidjéré (Béhanzin) pour rompre
» la bonne harmonie. Le peuple est resté fidèle et loyal à la France et toute la famille royale est dévouée à sa grande et
» puissante amie.

» Béhanzin a sacrifié son peuple dans une lutte fratricide, il a brûlé Abomey, les palais des ancêtres sont réduits
» en cendres, leurs sépultures ont été plus ou moins troublées ; c'est pour ces raisons que le roi Agoliagbo, d'accord
» avec les grands féticheurs, a proclamé Béhanzin indigne d'avoir été roi. »

Une vieille histoire prétendait du reste au Dahomey que Béhanzin avait usurpé le trône qui revenait à un de ses
frères. Enfin il n'avait pas terminé les cérémonies en l'honneur du roi Glélé son père défunt. C'était beaucoup de raisons,
dont une seule était suffisante, mais le roi voulait donner aux princes et au peuple qui l'entourait les raisons de sa décision
et il le criait d'une voix puissante.

Nous nous étions assis et le roi nous avait demandé l'autorisation de commencer les danses.

La danse dahoméenne, espèce de cake-walk sur place, avec intermède de danse du ventre, est un grand honneur
que l'on fait à la personne devant qui l'on danse ; cette danse est individuelle, jamais par couple : elle semble un accès épi-
leptique. Le roi fit placer devant chaque fauteuil un de ses frères ou un de ses fils les plus âgés, puis, à un signal donné, les
contorsions en cavaliers seuls commencèrent. Cette danse dura environ vingt minutes. Les danseurs tombaient de fatigue,
le roi leur fit dire par le grand féticheur que les ancêtres étaient satisfaits et leur envoya quelques bouteilles de gin qu'ils
burent à même le goulot, se passant la bouteille de mains en mains.

Le peuple eut l'autorisation de danser quelques instants sur la place et rien ne peut donner une idée de cette foule
en délire, trépignant sur place, criant, suant, vociférant, agitant bras, jambes et ventre, les torses nus, les têtes rasées
luisantes sous un soleil de plomb.

Pendant ce temps, le roi nous invitait à prendre un verre de champagne, lui-même ne devait pas boire devant son
peuple.

Le roi nous fit demander s'il nous plairait de voir les danses guerrières des amazones et, l'autorisation ayant
été donnée, il fit venir six amazones, vieilles femmes qui revêtirent le costume de guerre, prirent un fusil, le casse-tête,
le sabre et commencèrent à simuler un combat qui devint en peu de temps un corps à corps où quelques-unes reçurent des
coups qui, pour ne pas paraître en bleu sur leur peau noire, n'en étaient pas moins des blessures graves.

La danse guerrière comme les autres danses se termina par un tourbillonnement général à la façon de celui des
derviches tourneurs, les bras étendus, jusqu'à ce que la fatigue fit tomber les exécutantes.

---

(1) Pour les noirs, la France a toujours un roi qu'on appelle le Président.

Cette partie des danses fut, pour nous, très curieuse et pleine d'intérêt car nous vimes à les toucher, sous leurs étranges costumes, ces amazones qui nous avaient fait tant de mal et s'étaient battues contre nous avec le dernier acharnement.

Après les danses guerrières des amazones, le roi se leva devant toute la cour et le peuple prosternés dans la poussière et descendit majestueusement de l'estrade pour se porter à l'extrémité de la rangée des sièges royaux. Là, il se fit

passer un plateau sur lequel était un couteau d'argent, le prit et reçut des mains du grand féticheur un coq complètement noir. Il l'égorgea d'un coup de couteau sur le cou et fit couler le sang dans un récipient placé sur le premier siège. L'opération se répéta devant chaque siège et en regagnant la tente, le roi nous fit expliquer que les coqs sacrifiés étaient des messagers qu'il avait délivrés de cette vie pour leur faire porter de ses nouvelles à ses ancêtres.

Cela remplaçait les sacrifices humains dont la France avait montré la cruauté et la barbarie à son ami le Dahomey. Le Dahomey lui en était reconnaissant : le sang humain ne coulait plus dans ces circonstances et le poulet, au dire du grand féticheur, était un messager de tout premier ordre auquel il s'étonnait que l'on eût jamais songé avant l'arrivée des Français à Abomey.

J'ai dit ailleurs (1) ce qu'il fallait penser des sacrifices humains à Abomey, je n'y reviendrai pas.

Le roi, après les explications données, nous avait serré la main et remercié tous d'être venus rehausser l'éclat de la cérémonie.

La cérémonie était terminée, le roi fit face au peuple, imposa les mains, et prononça d'une voix tonnante un grand discours, l'éloge de son père, qu'il termina par quelques paroles rauques, quelque chose comme un « *Ite missa est* », car tout le monde se retira et il rentra au palais avec le cérémonial habituel déjà décrit.

------

(1) Une nouvelle précédente : « Deux visites au roi Agoliagbo ».

Le Roquin (Béhanzin) sortant de l'œuf.

TABLE DES MATIÈRES

TABLE DES PLANCHES ET CROQUIS

Abel CARIAGE
BESANÇON — 1905

www.ingramcontent.com/pod-product-compliance
Lightning Source LLC
LaVergne TN
LVHW020211030726
842520LV00003B/1004